J.-C. Sentenac
Professeur certifié -
Maître en sciences de l'éducation.

avec la collaboration de :
David Wray
B.A. - M. Phil.

MEMENTO D'ANGLAIS

Éditions Magnard

WORK-BOOK

Vous trouverez de temps en temps un work-book qui vous permettra de prendre des notes personnelles.

Ce livre est accompagné d'une cassette comportant l'enregistrement des dialogues en version continue et en version éclatée.

SOMMAIRE

A) GRAMMAIRE

LES ADJECTIFS

Ils peuvent être :

attributs

Snakes are ***horrible.***
Bob is ***American.***

ou **épithètes**

That's a ***wonderful*** *idea.*
It's a ***French*** *car.*
My brother's a pilot. It's an ***exciting*** *job.*
Dans ce cas, ils sont toujours placés **devant** le nom auquel ils se rapportent.

Les adjectifs ne s'accordent jamais : ils sont **invariables.**
John and Barbara are Irish.
They've got very good records.

TOUJOURS INVARIABLES

Attention : un adjectif peut être précédé de l'article défini.
The *poor :* les pauvres.

Il désigne alors un ensemble.

Attention : un adjectif peut prendre la **valeur d'un nom.** Il est alors employé seul et précédé de l'**article défini.**
The English : les Anglais.
Il désigne alors un ensemble.
The rich : les riches. (Tous les riches.)

ADJECTIFS COMPOSÉS

Dans un adjectif composé le second élément est le plus important. Le premier en précise le sens.

On les **forme** de plusieurs façons :

1° **Adjectif - nom + ed.**

A *blue-eyed girl* : une jeune fille aux yeux bleus.

2° **Adjectif ou adverbe - base verbale + ing.**

A *sweet-smelling flower* : une fleur qui sent bon.

3° **Nom ou adverbe + participe passé.**

A *home-made cake* : un gâteau fait maison.

4° **Nom ou adjectif + adjectif.**

A *navy-blue jacket* : une veste bleu marine.

TOUJOURS AVANT LE NOM ET INVARIABLES

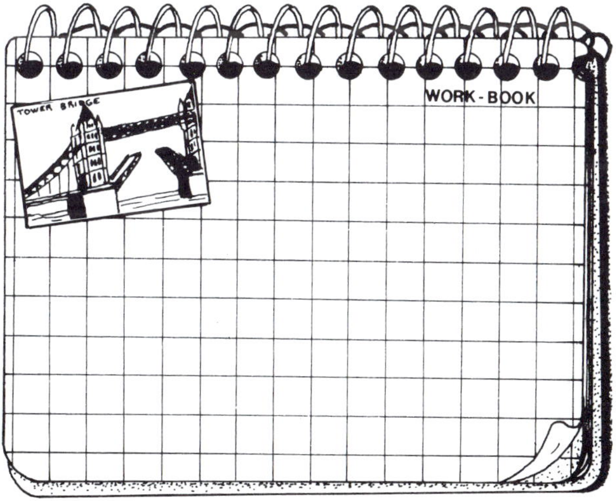

ADJECTIFS POSSESSIFS

My
Your
His
Her
Its
Our
Your
Their

Attention : on emploie ***her*** quand le possesseur est **féminin** :
It's ***Jenny****'s book.*
It's ***her*** *book.*

On emploie **his** quand le possesseur est **masculin** :
It's ***Peter****'s brother.*
It's ***his*** *brother.*

ACCORD AVEC LE POSSESSEUR

On emploie les adjectifs possessifs **devant les parties du corps et les vêtements.** En français, on utilise l'article défini :

Ils entrèrent dans l'église le chapeau sur la tête :
They went into the church with ***their*** *hats on* ***their*** *heads.*

AGO

Ago = il y a (expression de temps).

Ago se place toujours **après** le complément de temps.
I read that book two weeks ***ago.***
J'ai lu ce livre il y a deux semaines.

Lorsqu'il y a ***ago*** dans la phrase, le verbe se met toujours au ***prétérit.***
*I **went** to Italy three years **ago.***
Je suis allé en Italie il y a trois ans.

Emploi :

On emploie *ago* lorsqu'on considère le moment où une action a été faite.

We bought our house ten years ago.
Nous avons acheté notre maison il y a dix ans.

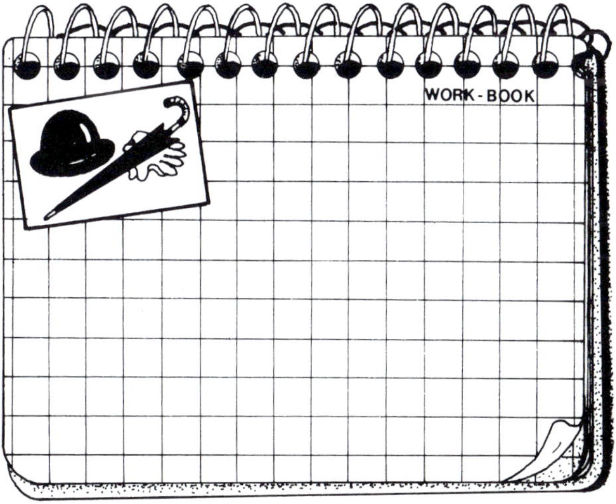

PLACE DES ADVERBES

Adverbes de fréquence.

Les adverbes de fréquence (*always - often - sometimes - never - once - twice - usually - rarely - seldom - hardly ever - frequently ...*) se placent **juste** avant le verbe.

She ***often*** *goes to England.*
Elle va souvent en Angleterre.

He ***usually*** *gets up at 7.*
Il se lève habituellement à 7 heures.

S'il y a un auxiliaire dans la phrase, on met l'adverbe **entre** l'**auxiliaire** et le **verbe.**

He's never slept in a tent.
Il n'a jamais dormi sous une tente.

Attention : ils se placent **après *to be*** conjugué à un temps simple.

He's ***often*** *ill.*
Il est souvent malade.

Adverbes de temps précis *(today - tomorrow - early - late ...).*

En général, on les met à la **fin** de la proposition.

I met him ***yesterday.***
Je l'ai rencontré hier.

Adverbes de manière.

En général, on les met **après** le complément.

He hasn't read this book ***carefully.***
Il n'a pas lu ce livre soigneusement.

Si dans la phrase il y a un adverbe de manière et un adverbe de temps, **l'adverbe de manière** se place **en premier.**

He didn't drive ***quickly*** *yesterday.*
Il n'a pas conduit vite hier.

JAMAIS ENTRE LE VERBE ET LE COMPLÉMENT D'OBJET DIRECT

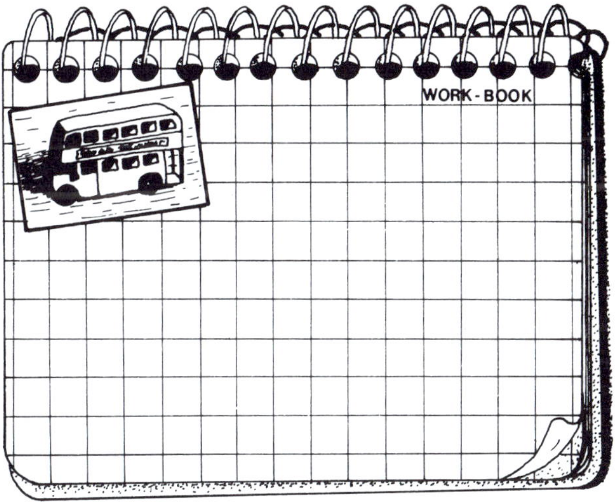

ARTICLE DÉFINI

THE

The **= le, la, les**

The s'emploie devant un nom **dénombrable singulier** (un nom qui peut se compter).

The house is big.
La maison est grande.

Dans les autres cas, c'est-à-dire **dénombrables** pluriels et **noms abstraits**, on n'emploie ***the*** que si le nom est déterminé par :

a) **une relative :**
The girls who are in the garden are my friends.
Les filles qui sont dans le jardin sont mes amies.
Mais on dirait :
Girls work well at school.
Les filles travaillent bien à l'école (les filles **en général**).

b) **un complément déterminatif :**
She likes the music of this film.
Elle aime la musique de ce film.
Par contre, on dirait :
She likes music.
Elle aime la musique (c'est-à-dire la musique **en général**).

c) **le contexte :**
Where are the children?
Où sont les enfants?
Dans ce cas, **ce qui précède** ou **ce qui suit** la phrase permet de savoir de quels enfants il s'agit.

Attention : on ne met pas l'article défini devant les noms de pays au singulier :
England - France - America - Russia.
Exceptions : les associations d'états.
The USA - The Soviet Union.

ARTICLE INDÉFINI

A ou AN

On emploie *a :*

devant une **consonne :**

a cat - a horse - a pen - a mouse.

devant les noms commençant par les **sons** [j] et [w] :

a year - a university.
a one-way street.

On emploie *an :*

devant les noms commençant par une **voyelle :**

an egg - an apple.

Attention : c'est la prononciation des noms qui détermine l'emploi de an. Par exemple, *FBI* commence par une consonne f, mais lorsqu'on prononce le f on entend le son [ef], et le premier son est une voyelle. On dira donc :
an FBI agent.

devant les mots commençant par un **h** qui ne se **prononce pas :**

honest - honour - hour - heir.
An honest person.

En anglais on met **l'article indéfini** devant les noms qui indiquent une **profession** ou une **occupation :**
His father is a doctor.
Son père est docteur.

Au pluriel, l'article indéfini **disparaît** :
He's a musician.
They are musicians.

AS — LIKE

On utilise ***as*** et ***like*** pour exprimer une comparaison. Tous les deux veulent dire : '**comme**'.

Différence d'emploi :

As introduit une proposition, un membre de phrase.

It happened ***as*** *I told you.*
Cela s'est passé comme je vous l'ai dit.

She cooks turkey ***as*** *my mother* ***does.***
Elle prépare la dinde comme ma mère.

Like s'emploie devant un nom ou un pronom.

She cooks turkey ***like*** *my mother.* Elle prépare la dinde comme ma mère.
Dans cette phrase le verbe a disparu. On emploie donc *like* et non *as.*

I think ***like*** *you.*
Je pense comme vous.

AT — TO

At et ***to*** peuvent correspondre au français **chez, à.**

On emploie :

to lorsqu'il y a mouvement :

He goes to the cinema on Sundays.
Il va au cinéma le dimanche.

at lorsqu'il n'y a pas changement de lieu.

He is at his brother's.
Il est chez son frère.

Attention : on ne met pas ***to*** devant ***home.***
He usually comes back home at 7.
Il rentre habituellement à la maison à 7 heures.

He's at home.
Il est chez lui.

Attention aussi à la construction suivante :
He went ***to*** *England at Easter.*
Il est allé en Angleterre à Pâques.

AUXILIAIRES MODAUX

CAN - MAY - MUST

Particularités :

— Ils sont toujours suivis de la **base verbale.**
— Ils ont une **forme unique** à **toutes les personnes**, et donc ils ne prennent pas de **s** à la troisième personne du singulier du présent de l'indicatif.
— Ils n'existent pas à **l'infinitif.**

She ***can play*** *the violin.*
Elle sait jouer du violon.

It ***may rain.***
Il se peut qu'il pleuve.

You ***must help*** *your brother.*
Tu dois aider ton frère.

CAN

Pouvoir - savoir.

1. Capacité physique ou intellectuelle.
   On l'emploie pour dire s'il est possible (ou non) que le sujet de la phrase accomplisse une action.

   He ***can't*** *lift the table.*
   Il ne peut pas soulever la table.

   He ***can*** *swim across this lake.*
   Il peut traverser ce lac à la nage.

2. Permission.
Il sert à demander ou à donner une autorisation.

Can *I go to the cinema? - Yes, you can.*
Je peux aller au cinéma? - Oui.

You ***can*** *play in the living-room today.*
Vous pouvez jouer dans le séjour aujourd'hui.

Attention : si l'on veut exprimer une capacité au futur, on a recours à ***to be able to.***

CAN'T

1. Incapacité physique ou intellectuelle.

She ***can't*** *speak German.*
Elle ne sait pas parler allemand.

I ***can't*** *carry that case.*
Je ne peux pas porter cette valise.

2. Interdiction.

You ***can't*** *do that!*
Tu ne dois pas faire cela!

3. Probabilité.

It ***can't*** *be very difficult.*
Cela ne doit pas être très difficile.

COULD

1. Prétérit de *can*. Capacité physique ou intellectuelle dans une phrase au passé.

Could *you see the play well?*
Avez-vous pu bien voir la pièce?

2. Prétérit de *can*. Permission dans une phrase au passé.

His mother said he ***could*** *go to the swimming-pool.*
Sa mère lui dit qu'il pouvait aller à la piscine.

3. Capacité physique ou intellectuelle dans une phrase au conditionnel.

*You **could** do that if you wanted to.*
Vous pourriez le faire si vous le vouliez.

4. Demande polie.

***Could** you post this letter for me?*
Pourriez-vous mettre cette lettre à la poste?

5. Suggestion.
*We **could** go to the concert on Saturday.*

COULDN'T

1. Incapacité physique ou intellectuelle dans une phrase au passé.

*They **couldn't** go to the USA last year.*
Ils n'ont pas pu aller aux USA l'année dernière.

2. Interdiction dans une phrase au passé.

*They knew that they **couldn't** do that.*
Ils savaient qu'ils ne devaient pas le faire.

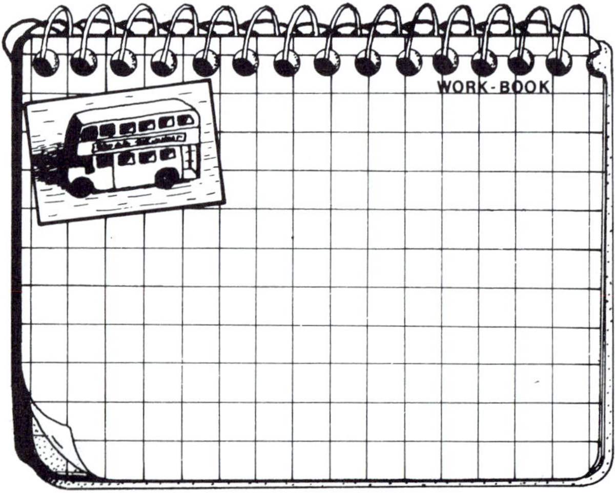

MAY

1. Éventualité, incertitude.
   May = il se peut que.

   *He **may** come tomorrow.*
   Il se peut qu'il vienne demain.

   Attention : il faut commencer la phrase par le sujet et non par ***it***, sauf si le sujet est neutre.
   *It **may** snow.*
   Il se peut qu'il neige.

2. Demande de permission très polie.

   ***May** I open the window?*
   Puis-je ouvrir la fenêtre?

MIGHT

Incertitude plus grande qu'avec *may.*
He might come on Saturday.
Il se pourrait qu'il vienne samedi.

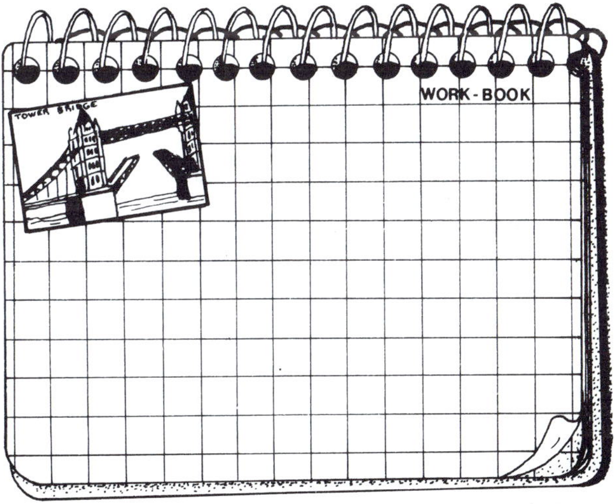

MUST

DEVOIR, IL FAUT QUE

Must exprime une obligation provenant de celui qui parle.

*You **must** do your homework now.*
Tu dois faire tes devoirs maintenant.

A la **première** personne, *must* indique une obligation **librement consentie.**
*I **must** go to the Wilsons'.*
Je dois aller chez les Wilson.

Si l'obligation provient des circonstances extérieures, on n'emploiera pas *must* mais ***have to*** ou ***have got to.***

I have to get up early.
Il faut que je me lève tôt.

Attention :
Formes interrogatives de *have to* et *have got to.*

Have to.

What time { ***do** you **have to** go ?* / ***does** she **have to** go ?* }

Have got to.

What time { ***have** you **got to** go ?* / ***has** she **got to** go ?* }

Donc, on emploie l'auxiliaire ***do*** avec ***have to*** mais on fait l'**inversion** sujet verbe avec ***have got to.***

Réponses courtes :

Do you have to be in London tomorrow ?
*Yes, I **have to*** ou *Yes, I **do.***
*Have you got to be in London tomorrow ? Yes, I'**ve got to.***

CAN

Forme interrogative		
Can	*I* *you* *he/she* *we* *you* *they*	*go out?*

Forme affirmative		
Yes,	*I* *you* *he/she* *we* *you* *they*	*can*

Forme négative		
No,	*I* *you* *he/she* *we* *you* *they*	*can't.*

MUST

Forme interrogative		
What must	*I* *you* *he/she* *we* *you* *they*	*do?*

Forme affirmative		
I *you* *he/she* *we* *you* *they*	*must*	*work*

Forme négative		
I *you* *he/she* *we* *you* *they*	*mustn't*	*work*

BE ABLE TO

ÊTRE CAPABLE DE

S'emploie au futur pour remplacer *can.*

He thinks he ***will be able to*** *find the solution before tomorrow.*
Il pense qu'il pourra trouver la solution avant demain.

• **Forme négative** : *won't be able to.*
He ***won't be able to*** *come tomorrow.*
Il ne pourra pas venir demain.

• **Forme interrogative** : on **inverse *will*** et le **sujet.**
Will you *be able to help him?*
Pourrez-vous l'aider?

Be able to peut aussi s'employer à **tous les temps.**
Ex. Prétérit : *Were you able to find him?*
Avez-vous réussi à le trouver?

BE ALLOWED TO

ÊTRE AUTORISÉ À

Remplace *may* (pouvoir, avoir l'autorisation de) au futur.

He ***will be allowed to*** *go out tonight.*
Il pourra sortir ce soir.

• **Forme négative** :
Won't be allowed to.

• **Forme interrogative** : on **inverse *will*** et le **sujet.**
Will he *be allowed to come?*
Est-ce qu'on lui permettra de venir?

Be allowed to se conjugue aussi à **tous les temps.**

TO BE

To be est l'infinitif du verbe être.

Présent. Forme affirmative :

I	*am*
You	*are*
He	*is*
She	*is*
It	*is*
We	*are*
You	*are*
They	*are*

Dans la langue parlée, on emploie généralement la forme contractée :

I'm
You're
He's
She's
It's
We're
You're
They're

Attention : on n'emploie pas la forme contractée en fin de phrase, ou pour affirmer quelque chose avec insistance.

Are you French ?
Yes, I am.

I am sure she's sixty.
Je suis tout à fait certain qu'elle a soixante ans.

Présent. Forme négative :

I'm not		
You're not	ou	*You aren't*
He's not	ou	*He isn't*
She's not	ou	*She isn't*
It's not	ou	*It isn't*
We're not	ou	*We aren't*
You're not	ou	*You aren't*
They're not	ou	*They aren't*

- **Présent. Forme interrogative :**

On **inverse** le sujet et le verbe.

Am	*I*
Are	*you*
Is	*he*
Is	*she*
Is	*it*
Are	*we*
Are	*you*
Are	*they*

- **Prétérit. Forme affirmative :**

I	*was*
You	*were*
He	*was*
She	*was*
It	*was*
We	*were*
You	*were*
They	*were*

Il n'y a pas de contractions à la forme affirmative.

- **Prétérit. Forme interrogative :**

On fait **l'inversion** du sujet et du verbe.
Were you at home yesterday?
Étiez-vous chez vous hier?

- **Prétérit. Forme négative :**

I wasn't
You weren't
He }
She } wasn't
It }
We weren't
You weren't
They weren't

- Futur :

will + be

*They'**ll*** }
*They **will*** } ***be** surprised.*

Ils seront surpris.

To be correspond au verbe **avoir** français dans certaines expressions comme :
To be hungry : avoir faim.
To be thirsty : avoir soif. *I'm thirsty :* j'ai soif.
To be cold : avoir froid.
To be right : avoir raison.
To be wrong : avoir tort, se tromper.
To be sea-sick : avoir le mal de mer.

On l'emploie aussi pour interroger sur :

l'âge.
How old are you?
Quel âge avez-vous?

la distance.
How far is the airport?
A quelle distance se trouve l'aéroport?

la dimension.
How wide is...? Quelle est la largeur de...?
How long is...? Quelle est la longueur de...?
How tall are you? Quelle est votre taille?

la santé.
How are you? Comment allez-vous?
etc.

HAD BETTER

L'expression *had better* ou ***'d better*** se conjugue **sans *do***, et est suivie de **la base verbale.**

I think you'd better hurry.
Je pense que tu ferais mieux de te dépêcher.

Had better ou ***'d better*** exprime un conseil, une recommandation que l'on fait à quelqu'un. On peut aussi l'employer à la première personne du singulier et du pluriel.

You'***d better do*** *your homework now.*
Tu ferais mieux de faire tes devoirs maintenant.

Après ***'d better***, s'il y a un complément il est introduit par *than.*
I'd better take a taxi than wait for the bus.
Je ferais mieux de prendre un taxi que d'attendre l'autobus.
Mais cette construction est employée très rarement.

CAS POSSESSIF

Formation :

a) Si le possesseur est un nom singulier :

Nom du possesseur + **'s** + objet possédé

It's Helen's penfriend.

C'est le correspondant d'Hélène.

b) Si le possesseur est un nom pluriel en s :
Possesseur + ' + objet possédé
Our friends'son.
Le fils de nos amis.

Emploi :

On emploie le cas possessif lorsque le possesseur est :

a) un être vivant.
Helen's mother.
La mère d'Hélène.
The dog's tail.
La queue du chien.

b) une date, une durée, une distance.
A two miles' walk.
Une promenade de trois kilomètres.

CAS POSSESSIF INCOMPLET :

On peut **omettre** certains noms comme *house, shop...* après un cas possessif.

*He works at the **baker's** on Saturdays.*
Il travaille chez le boulanger le samedi.
Après *baker's*, ***shop*** est sous-entendu.

un nom qui a déjà été mentionné.
This isn't my coat. It's Mike's.

CONDITIONNEL PRÉSENT

Formation : *would* – base verbale.

*If he had enough money, he **would buy** a motorbike.*
S'il avait assez d'argent, il achèterait une moto.

Forme contractée : ***'d***.

*He would buy = he**'d** buy.*

On peut employer ***should*** à la première personne, mais dans la langue parlée ***would*** est de plus en plus employé.

CONDITIONNEL PASSÉ

Formation : *would – have* – participe passé du verbe.

*He **would have liked** this.*
Il aurait aimé cela.

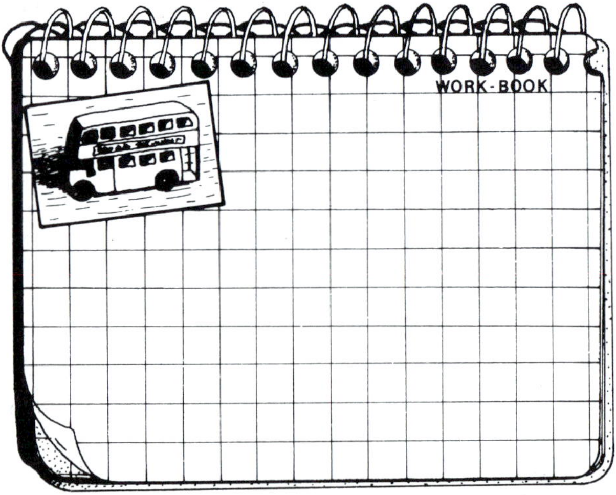

COMPARATIFS D'ÉGALITÉ

AUSSI ... QUE

Pour tous les adjectifs, courts ou longs, on a la construction suivante :

as — adjectif — *as*

*She's **as tall as** her sister.*
Elle est aussi grande que sa sœur.

A la forme **négative**, on a deux constructions possibles :

as — adjectif — *as*
so — adjectif — *as*

*Bob is **as nice as** John but he isn't as funny.*
Bob est aussi gentil que John mais il n'est pas aussi drôle.

Attention : on ne met **JAMAIS** ~~*AS ... THAN*~~

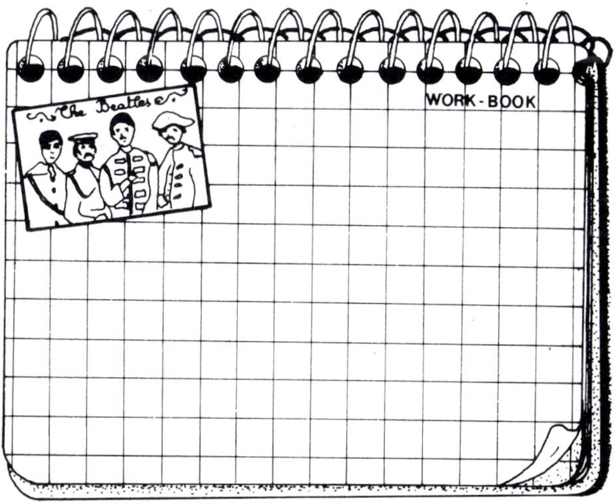

COMPARATIFS D'INFÉRIORITÉ

MOINS ... QUE

Pour tous les adjectifs, on a la construction suivante :
Less — adjectif — *than*

*English is **less difficult than** Chinese.*
L'anglais est moins difficile que le chinois.

Remarque : on emploie la forme négative du comparatif d'égalité à la place du comparatif d'infériorité :
*It's **not as difficult as** I thought = it's less difficult than I thought.*

ou très souvent un comparatif de supériorité :
*It's **easier than** I thought.*

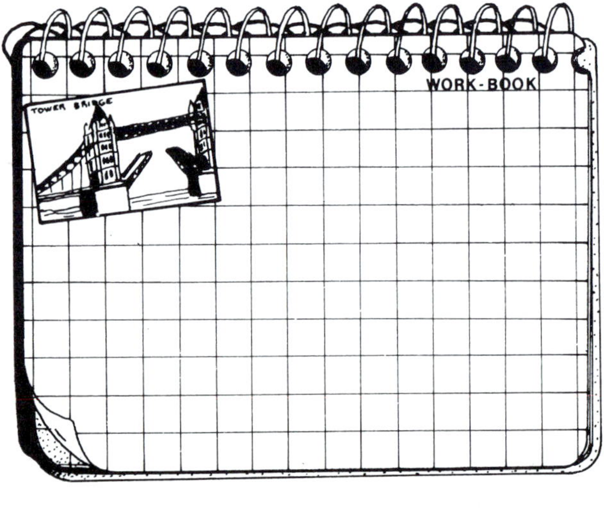

COMPARATIFS DE SUPÉRIORITÉ

PLUS ... QUE

Pour les former, on distingue deux catégories d'adjectifs :

★ 1. Adjectifs courts : — adjectifs formés d'une syllabe : *big - long -tall.*
— adjectifs formés de deux syllabes à condition qu'ils soient terminés par *y, ow, er*.
Exemple : *pretty - narrow - clever.*

★ 2. Adjectifs longs : les autres.
Exemple : *comfortable - intelligent.*

Formation :

Adjectifs courts : adjectif + er - than.
Mike is taller than Peter.
Mike est plus grand que Pierre.

Adjectifs longs : *more* - adjectif - *than.*
Jennifer is more intelligent than Barbara.
Jennifer est plus intelligente que Barbara.

Modifications orthographiques :

1. On **double la consonne** après une voyelle brève : *big → bigger.*
2. *y* se transforme en ***i*** : *pretty → prettier.*
3. Lorsque l'adjectif se termine en ***e***, il faut seulement ajouter ***r*** : *nice → nic**er**.*

Comparatifs irréguliers :

Good devient *better.*
Bad devient *worse.*

Attention : Le complément du comparatif de supériorité est introduit par *than.*

DOUBLE COMPARATIF

★ 1. De plus en plus.

Construction :

a) adjectifs courts.

Adjectif + ***er*** - *and* - **adjectif** + ***er.***
*It's getting **colder and colder.***
Il fait de plus en plus froid.

b) **adjectifs longs.**

More and more - **adjectif.**
*It's getting **more and more** difficult.*
C'est de plus en plus difficile.

★ 2. De moins en moins.

Pour tous les adjectifs, on a la construction :

Less and less - **adjectif.**
*He's **less and less** funny.*
Il est de moins en moins drôle.

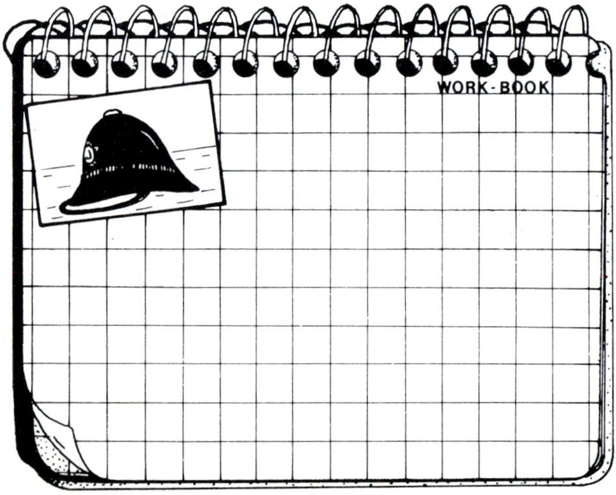

EACH — EVERY

Each = chaque, chacun.
Every = chaque, tous.

On emploie ***each*** quand on considère chaque élément séparément.
Each boy got a nice present.
Chaque garçon eut un beau cadeau.

On emploie ***every*** lorsqu'on considère l'ensemble des éléments.
Every pupil wears a uniform in that school.
Dans cette école, tous les élèves portent un uniforme.

Each et *every* sont toujours suivis d'un nom singulier.

EACH OTHER ONE ANOTHER

L'UN, L'AUTRE

Ce sont des **pronoms réciproques**.

Peter doesn't like John.
Pierre n'aime pas John.
John doesn't like Peter.
John n'aime pas Pierre.

They don't like each other / one another

Ils ne s'aiment pas.

Ne pas confondre les pronoms réfléchis et les pronoms réciproques :

Mary looked at herself (in the mirror)
Betty looked at herself (in the mirror) } *They looked at themselves*

Mary looked at Betty
Betty looked at Mary } *They looked at each other*

ENOUGH

ASSEZ, SUFFISAMMENT

Enough se place **après** un **adjectif attribut** ou un **adverbe**.

*He isn't tall **enough** to be a policeman.*
Il n'est pas assez grand pour être agent de police.

Enough se place par contre **devant un nom**.
*He says he hasn't got **enough** money.*
Il dit qu'il n'a pas assez d'argent.

EITHER ... OR NEITHER ... NOR

★ *Either ... or* = soit ... soit.

*He's **either** Spanish **or** Italian.*
Il est soit espagnol soit italien.

★ *Neither ... nor* = ni... ni.

*I can't find my bicycle. It's **neither** in the garage **nor** in the garden.*
Je ne peux pas trouver ma bicyclette. Elle n'est ni dans le garage ni dans le jardin.

Attention : avec ***neither ... nor*** on n'emploie pas la négation ***not***.

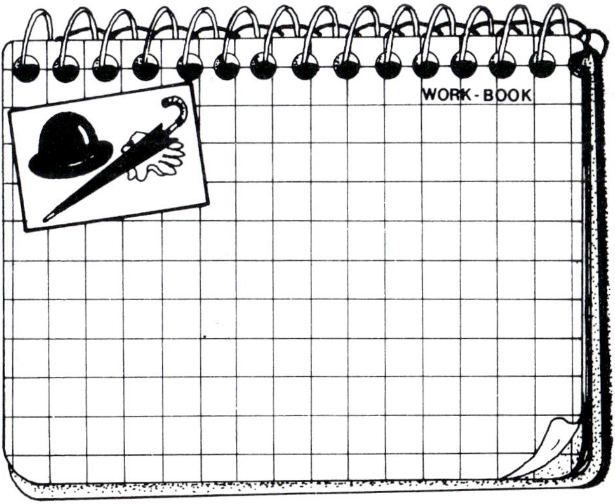

EXCLAMATIONS

★ 1. ***How*** devant un adjectif.

***How** funny it is!*
Comme c'est drôle !

★ 2. ***What a*** devant un nom singulier dénombrable, même s'il y a un adjectif devant le nom.

What a nice day!
Quelle belle journée !

★ 3. ***What*** devant un nom **dénombrable pluriel** ou un **nom indénombrable** (qui ne peut se compter) singulier ou pluriel.

What beautiful houses!
Quelles belles maisons !

Attention à l'ordre des mots dans la phrase exclamative.
How funny it is!
Comme c'est drôle !

On a la même construction qu'à la forme affirmative : le sujet se place **devant** le verbe et **non après**.

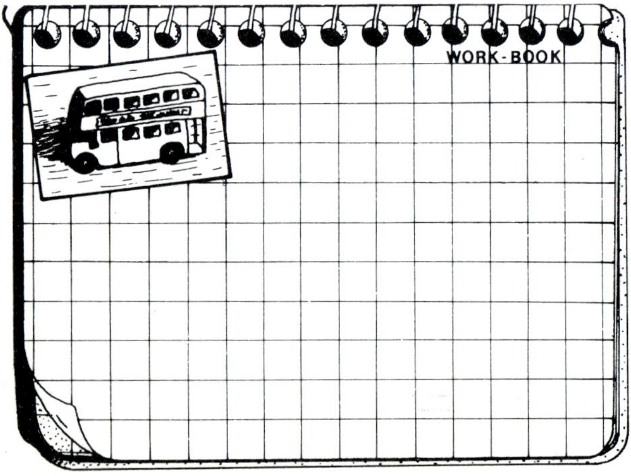

FAIRE + INFINITIF

On a deux constructions possibles selon le sens de l'infinitif.

★ 1. Sens actif.

Exemple : Il fait travailler le jardinier.
Travailler a un sens actif. C'est le jardinier qui travaille.

Construction :

To make **– nom/pronom – base verbale.**

He makes the gardener work.
Il fait travailler le jardinier.

This film makes me cry.
Ce film me fait pleurer.

This joke made everybody laugh.
Cette plaisanterie fit rire tout le monde.

★ 2. Sens passif.

Exemple : Il fait réparer sa voiture.
Dans ce cas, l'infinitif réparer a un sens passif. On sous-entend un complément d'agent : il fait réparer sa voiture par le garagiste/mécanicien.

Construction :

to have / ***to get*** } **– nom/pronom – participe passé**

He must get his car repaired.
Il doit faire réparer sa voiture.

I have my car washed every week.
Je fais laver ma voiture chaque semaine.

FEW — LITTLE
A FEW — A LITTLE

★ 1. *Few - little :* peu de.

On **emploie :**
few devant un nom **pluriel dénombrable.**

There are ***few*** *mistakes in this essay.*
Il y a peu de fautes dans cette rédaction.

little devant un nom **indénombrable.**

The cat drank ***little*** *milk, but ate all the meat.*
Le chat but peu de lait, mais mangea toute la viande.

★ 2. *A few* = quelques.

I saw ***a few*** *good films last year.*
J'ai vu quelques bons films l'année dernière.

A little = un peu de.

He wants to borrow ***a little*** *money.*
Il veut emprunter un peu d'argent.

FOR et SINCE

avec le PRESENT PERFECT

A la question *"**How long...?**"* (depuis combien de temps... ?) on peut répondre :

a) Avec un complément de temps introduit par ***for.***

How long have you been learning English?
Depuis combien de temps apprenez-vous l'anglais ?
I've been learning English for three years.
J'apprends l'anglais depuis trois ans.

b) Ou bien par un complément de temps introduit par ***since***, en indiquant **quand** l'action a commencé.
He's been watching TV since 7.
Il regarde la télévision depuis 7 heures.

Since indique le moment où l'action à commencé et ce moment est inclu dans la phrase.
For exprime la durée de l'action.

Attention : en français, nous exprimons la notion de durée de façons différentes :
Nous habitons ici depuis trois ans.
Il y a trois ans que nous habitons ici.

En anglais, on utilise ***for*** puisqu'il s'agit d'une **durée**.
We've been living here for three years.

La préposition "**depuis**" se traduira en anglais par :
since si elle est associée au **début** de l'action.
He's been waiting since one o'clock.
Il attend depuis une heure de l'après-midi.

For si elle est associée à la **durée** de l'action.
He's been waiting for one hour.
Il attend depuis une heure (60 minutes).

FOR et le PRETERIT

FOR = PENDANT

Si une action s'est déroulée dans le passé et est terminée, on emploie le **prétérit**. Le complément qui indique la durée de l'action est introduit par ***for***.

*I **slept for** twelve hours last night.*
J'ai dormi (pendant) douze heures la nuit dernière.

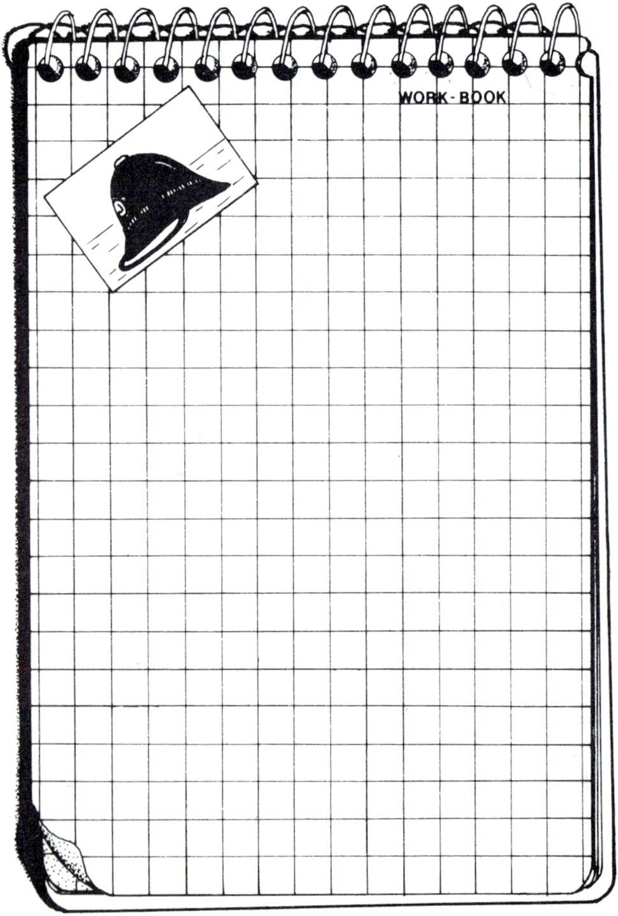

FORME D'INSISTANCE

La forme d'insistance permet d'affirmer quelque chose, souvent par contraste avec ce qui vient d'être dit ou avec ce que l'on pourrait croire.

*I **do** believe it.*
Je le crois vraiment.
*He **did** jump over the gate.*
Mais oui, il a sauté par-dessus la barrière.

Formation :

S'il n'y a pas d'auxiliaire dans la phrase, on utilise : selon le cas, *do, does* ou *did*.

do au présent et à l'impératif :
I do want to come.
Je veux vraiment venir.
Do sit down!
Je vous en prie, asseyez-vous.

does à la troisième personne du singulier du présent :
He does want to leave tomorrow.
Oui, il veut partir demain.

did au prétérit :
They did answer.
Mais oui, ils ont répondu.

Si la phrase comporte un auxiliaire, la forme d'insistance consiste simplement à **accentuer** celui-ci avec la **voix**.
He can play the violin.

FUTUR

Le futur peut s'exprimer de plusieurs façons :

★ 1. Construction : ***SHALL** ou **WILL***
+ base verbale

Ce futur correspond à notre futur français. C'est un futur neutre.

a) Forme affirmative :

will + base verbale
'll + base verbale
à toutes les personnes.

*Sandra **will** be 15 next month.*
Sandra aura 15 ans le mois prochain.
*They**'ll** play tennis tomorrow.*
Ils joueront au tennis demain.

I will play	*I'll play*
You will play	*You'll play*
He will play	*He'll play*
She will play	*She'll play*
We will play	*We'll play*
You will play	*You'll play*
They will play	*They'll play*

b) Forme négative :

Will not ou ***won't*** à toutes les personnes.

I will not play	*I won't play*
You will not play	*You won't play*
He will not play	*He won't play*
She will not play	*She won't play*
It will not play	*It won't play*
We will not play	*We won't play*
You will not play	*You won't play*
They will not play	*They won't play*

c) Forme interrogative :

Shall ou ***will*** à la première personne – **base verbale.**
Will aux autres personnes – **base verbale.**

Where shall we go tomorrow?
Où irons-nous demain ?

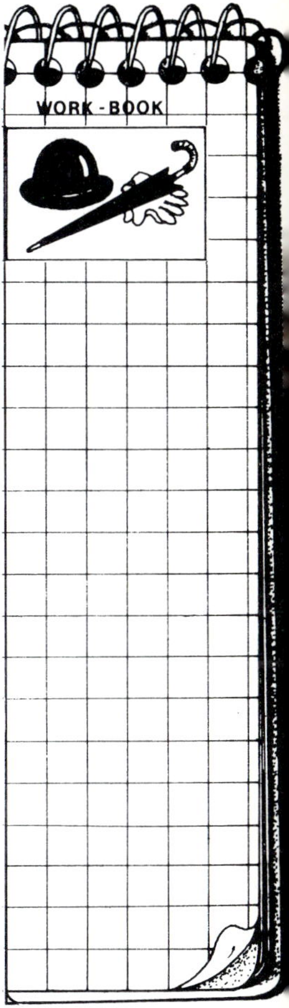

Shall } *I play ...?*
Will }
Will you play?
Will he / she / it play?
Shall } *we play?*
Will }
Will you play?
Will they play?

d) Réponses courtes.

Construction : pronom sujet + *will.*
Will they come with us?
Yes, they will.

e) Question tag :

Si on attend une réponse **affirmative** :

won't – pronom sujet.
They'll come, ***won't they?***
Ils viendront, n'est-ce pas ?

Si on attend une réponse **négative** :
Will – pronom sujet.
The Wilsons won't come, ***will they?***
Les Wilson ne viendront pas, n'est-ce pas ?

★ 2. *PRÉSENT PROGRESSIF*

Le présent progressif est alors associé à un adverbe de temps ou à un complément de temps de sens futur.
On emploie cette construction lorsque l'action est le résultat d'un plan, d'un programme ou d'arrangements.
He's going to Spain this summer.
Il va en Espagne cet été.
En français, le temps employé est le présent à sens futur.
I'm leaving tomorrow.
Je pars demain.

★ 3. Auxiliaire *BE – GOING TO* – base verbale

On emploie cette construction pour exprimer :

a) le fait qu'un événement est proche, inévitable :
*He**'s going** to fall.*
Il va tomber.
*It**'s going** to snow.*
Il va neiger.

b) une intention :

*She**'s going** to cut the lawn.*
Elle va tondre la pelouse.

- Forme affirmative :

Auxiliaire *be* – *going to* – base verbale.
*I**'m going** to phone them.*
*He**'s going** to phone them.*
*They**'re going** to phone them.*

- Forme interrogative :

On **inverse** le sujet et l'auxiliaire *be.*
***Are you** going to phone them?*
***Is he** going to phone them?*
***Are they** going to phone them?*

- ## Forme négative :

On ajoute la négation ***not*** à l'auxiliaire ***be.***

*I'**m not** going to phone them.*
*He **isn't** going to phone them.*
*They **aren't** going to phone them.*

- ## Réponses courtes :

Pronom sujet + *to be* conjugué au présent.

Are you going to phone them?
*Yes, **I am.***
Is he going to phone them?
*Yes, **he is.***

- ## Question-tag :

— Si on attend une réponse affirmative :

to be conjugué au présent } – *not* contracté – pronom sujet.

*Mr. Archer is going to phone them, **isn't he?***

— Si on attend une réponse négative :

to be conjugué au présent } – pronom sujet.

*The Whites aren't going to phone them, **are they?***

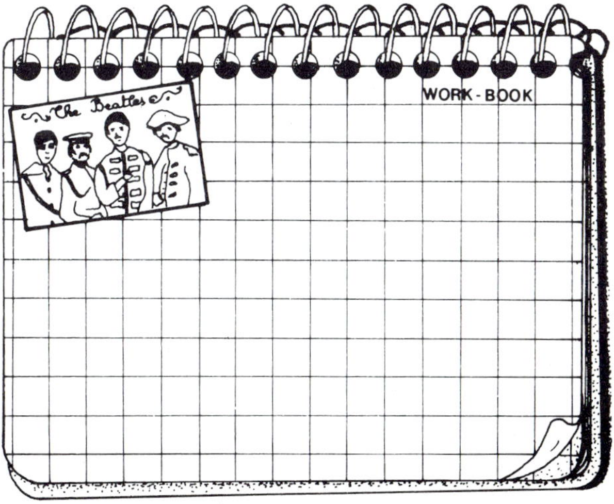

FUTUR

DANS LES SUBORDONNÉES DE TEMPS

En anglais on ne trouve pas ***will*** ou ***would*** dans une subordonnée de temps (introduite par *when, as soon as*...).

★ 1. On emploie le **présent** et non le **futur** comme en **français**.
I'll buy a car when I ***have*** *enough money.*
J'achèterai une voiture quand j'aurai assez d'argent.
I'll come as soon as I can.
Je viendrai dès que je le pourrai.

★ 2. On emploie le **prétérit** et non le **conditionnel** comme en **français**.
She said she would come as soon as she ***was*** *ready.*
Elle dit qu'elle viendrait dès qu'elle serait prête.

GÉRONDIF

Formation : base verbale + *ing*.

To read → *read**ing***
To play → *play**ing***
To sit → *sitt**ing***

Un gérondif peut être :
sujet d'un verbe :
Cooking is nice.
Faire la cuisine est agréable.

ou **complément** :
I like reading.
J'aime lire.

On emploie le gérondif :

- après des verbes qui indiquent le début, la continuation ou la fin d'une action, comme :
  to start commencer, se mettre à
  to go on continuer de
  to stop arrêter, cesser de
  *He started **laughing**.*
  Il se mit à rire.

- après les prépositions (*before, after, at, on,* etc.)
  *Mr. Smith reads his paper **before going** to bed.*
  M. Smith lit son journal avant d'aller se coucher.

- après le verbe *mind* :
  I don't mind waiting.
  Cela ne me dérange pas d'attendre.
  *Would you **mind closing** the door?*
  Cela vous dérangerait-il de fermer la porte ?

- après les verbes qui expriment ce qu'on aime ou qu'on aime pas (*like, love, enjoy, hate, prefer, can't bear...*)
  *He **can't bear getting** up late.*
  Il ne peut supporter de se lever tard.
  *He **hates going** to school on Saturday mornings.*
  Il déteste aller à l'école le samedi matin.

— après les expressions :

I can't help : je ne puis m'empêcher de...
It's no use : il est inutile de...
It's worth : cela vaut la peine de...
The book ***is worth reading.***
Ce livre vaut la peine d'être lu.

— après *what about* ou *how about* pour faire une suggestion.

What about going to the cinema?
Si on allait au cinéma ?

HAVE GOT

AVOIR - POSSÉDER

1. La possession s'exprime en anglais parlé par ***have got*** à toutes les personnes, sauf à la troisième personne du singulier où on a : ***has got***.

Au présent les formes contractées sont :
I've *got a new bike.*
She's *got a lot of interesting books.*
Elle a beaucoup de livres intéressants.

I have got a walkman	*I've got a walkman*
You have got a walkman	*You've got a walkman*
She / He has got a walkman	*She's / He's got a walkman*
We have got a walkman	*We've got a walkman*
You have got a walkman	*You've got a walkman*
They have got a walkman	*They've got a walkman*

- Forme interrogative :

On **inverse** *have* (ou *has*) et le sujet :
Have you *got a penfriend?*
Avez-vous un correspondant ?

- Forme négative :

On ajoute la négation ***not*** à l'auxiliaire ***have*** (ou *has*).
They ***haven't*** *got their passports.*

- Réponses réduites :

Have you got a moped?
As-tu une mobylette ?
Yes, ***I have.***

Have I	*got*	
Have you	*got*	
Has she	*got*	
Has he	*got*	*a moped?*
Have we	*got*	
Have you	*got*	
Have they	*got*	

	I have
	you have
	she has
YES,	*he has*
	we have
	you have
	they have

	I haven't
	you haven't
	she hasn't
NO,	*he hasn't*
	we haven't
	you haven't
	they haven't

- Question tags :

— Si on attend une réponse affirmative :
Have
ou + *not* contracté – pronom sujet.
Has
*You've got a guitar, **haven't you?***
*He's got a boat, **hasn't he?***

— Si on attend une réponse négative :
Have
ou – pronom sujet.
Has
*The Jacksons haven't got a boat, **have they?***

★ 2. On exprime aussi la possession par le verbe ***have***, qui se conjugue alors comme un verbe normal, avec l'auxiliaire ***do***.
***Do** you **have** a car?*

HAD TO

Had to = j'étais obligé de, je devais, j'ai dû, il fallait que je...
Had to est le prétérit de ***must*** et de ***to have to.***
*He **had to** come by train.*
Il a dû venir en train.

- Forme affirmative :

  Had to à toutes les personnes.

- Forme interrogative :

  Did – sujet – have to.
  *What time **did** you have to get up?*
  A quelle heure devais-tu te lever ?

- Forme négative :

  Did + not contracté – *have to.*
  *I **didn't have to** cook breakfast.*
  Il ne fallait pas que je prépare le petit déjeuner.

WILL HAVE TO

Will have to est le futur de *must* et de *have to.*
*They **will have to** stay here.*
Ils devront rester ici / Il faudra qu'ils restent ici.

Forme interrogative :

***Will they** have to wait here?*
Devront-ils attendre ici ?

Forme négative :

Will not have to ou *won't have to.*
*You **won't have to** lay the table today.*
Tu n'auras pas à mettre la table aujourd'hui.

L'INFINITIF

To est la marque de l'infinitif.
To play : jouer.
To finish : finir.
To see : voir.

L'infinitif peut se mettre à la forme **négative**.

Construction : *not* + infinitif.

He asked me ***not to be*** *late.*
Il m'a demandé de ne pas être en retard.

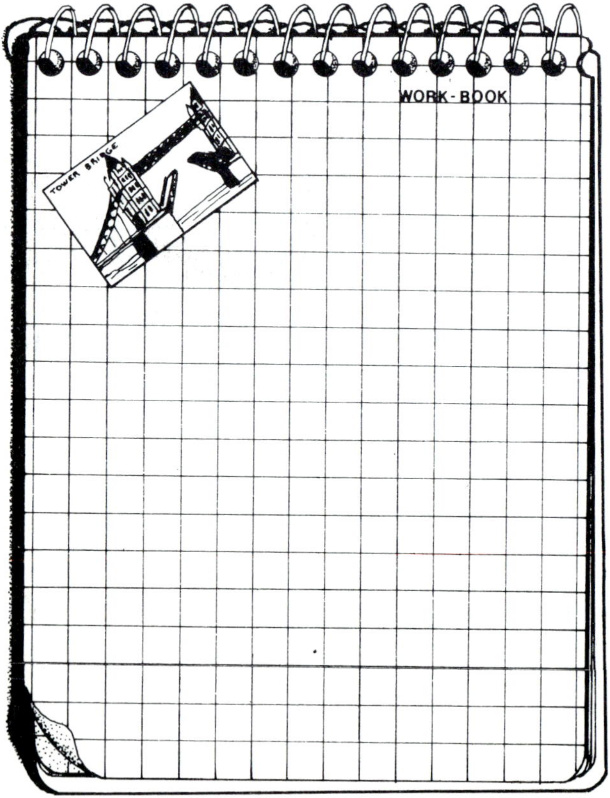

MUCH — MANY

BEAUCOUP DE

Much devant un nom **singulier.**
I haven't got **much time.**
Je n'ai pas beaucoup de temps.

Many devant un nom **pluriel.**
He didn't meet ***many people.***
Il n'a pas rencontré beaucoup de gens.

Much et ***many*** se construisent aussi avec :

TOO

Too much devant un nom singulier
Too many devant un nom pluriel
= **Trop de.**

There's ***too much*** *noise.*
Il y a trop de bruit.
He eats ***too many*** *sweets.*
Il mange trop de bonbons.

SO

So much + singulier
So many + pluriel
= **tant de, tellement de.**

There are ***so many*** *things in your bag!*
Il y a tant de choses dans ton cartable !
Don't eat ***so much*** *chocolate!*
Ne mange pas autant de chocolat !

HOW

How much + singulier
How many + pluriel
= **combien de.**

How much *money has he got?*
Combien a-t-il d'argent ?
How many *brothers have you got?*
Combien avez-vous de frères ?

NEEDN'T

Needn't sert à exprimer l'absence d'obligation.

*You **needn't** buy it if you don't like it.*
Il n'est pas nécessaire que vous l'achetiez s'il ne vous plaît pas.

Attention : ***needn't*** est suivi de la **base verbale.**
L'absence d'obligation peut également être exprimée par :

a) ***don't need to.***
Dans ce cas, *need* se conjugue comme un verbe normal.
*You **don't need to** go there today.*
Il n'est pas nécessaire que tu y ailles aujourd'hui.

b) ***don't have to.***
*You **don't have to** come back tomorrow.*
Il est inutile que vous reveniez demain.

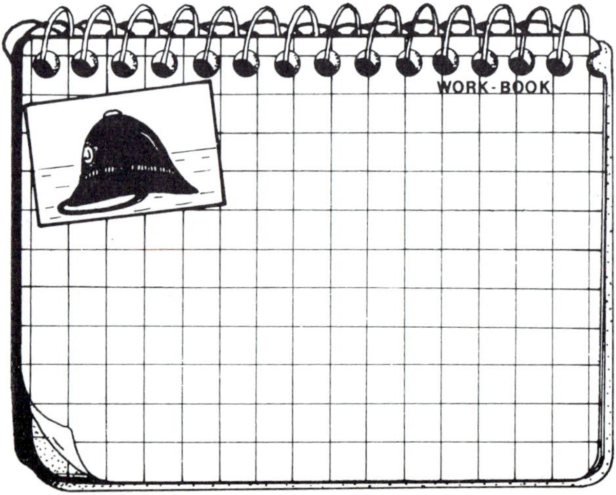

PASSÉ IMMÉDIAT

VENIR DE

Emploi : il indique qu'une action vient de se produire.

Construction :

Have }
Has } – *just* – participe passé.

*He'**s just phoned** his friend.*
Il vient de téléphoner à son ami.
*They'**ve just finished** their homework.*
Ils viennent de terminer leurs devoirs.

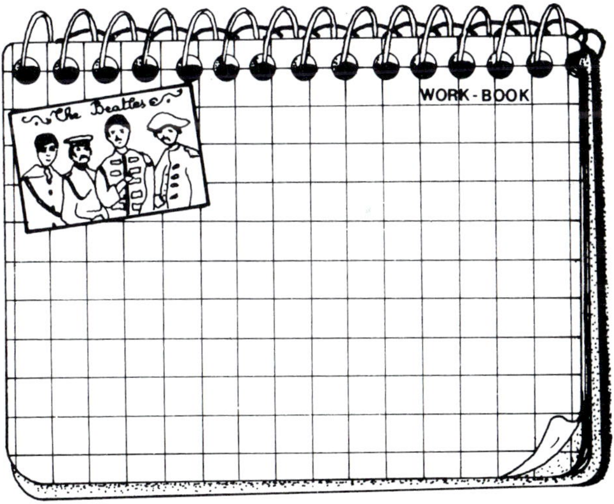

PASSIF

On le **forme** comme en français :
auxiliaire *be* conjugué au temps voulu } – **participe passé** du verbe.

The thief ***was arrested*** *two hours ago.*
Le voleur a été arrêté il y a deux heures.

S'il y a un complément d'agent, il est indroduit par *by*.
The bedroom ***was painted*** *by the children.*

Le passif peut se mettre à tous les temps, et correspond souvent au français « **On...** ».
English is spoken in many countries.
On parle anglais dans beaucoup de pays.
He has not been invited.
On ne l'a pas invité.
He will be given a nice present.
On lui donnera un joli cadeau.

PLUPERFECT ou PAST PERFECT

Il correspond au plus-que-parfait français.

Construction :

Had – participe passé.

If I ***had known*** *your address, I would have written to you.*
Si j'avais su votre adresse, je vous aurais écrit.

If the weather ***had been*** *fine yesterday, we'd have gone to the country.*
S'il avait fait beau hier, nous serions allés à la campagne.

The rain ***had stopped*** *when they came out of the cinema.*
La pluie s'était arrêtée lorsqu'ils sortirent du cinéma.

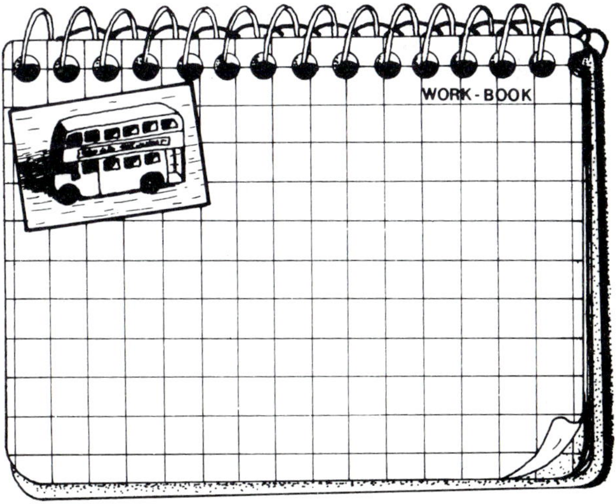

PLURIEL DES NOMS

On forme le pluriel en ajoutant ***s*** au nom, ou ***es*** si on ne peut pas le prononcer autrement.

a cat → *cats*
a bus → *buses*

Noms terminés par ***y.*** Si le ***y*** est **précédé d'une consonne** le pluriel se forme en ***ies.***
Party → *part**ies***. Le ***y*** est précédé d'une consonne.
Toy → *to**ys***. Le ***y*** est précédé d'une voyelle. Dans ce cas, on ajoute ***s*** seulement.

Noms terminés en ***O*** **précédé d'une consonne** : le pluriel se forme en ***oes.***
tomato → *tomatoes*

Noms terminés par : ***lf***
eaf
ife
et certains noms terminés par ***f*** ou ***fe***.
Le pluriel se forme en ***ves***
calf → *cal**ves***
leaf → *lea**ves***
wife → *wi**ves***
thief → *thie**ves***
loaf → *loa**ves***

Noms propres : le pluriel se forme comme pour les noms communs.

M. Jackson → *The Jackson**s***
Mrs. Brooks → *The Brooks**es***

Pluriels irréguliers :

man (homme)	***men***
woman (femme)	***women***
child (enfant)	***children***
tooth (dent)	***teeth***
foot (pied)	***feet***
mouse (souris)	***mice***
goose (oie)	***geese***

Attention : le nom *sheep* (mouton) est invariable.

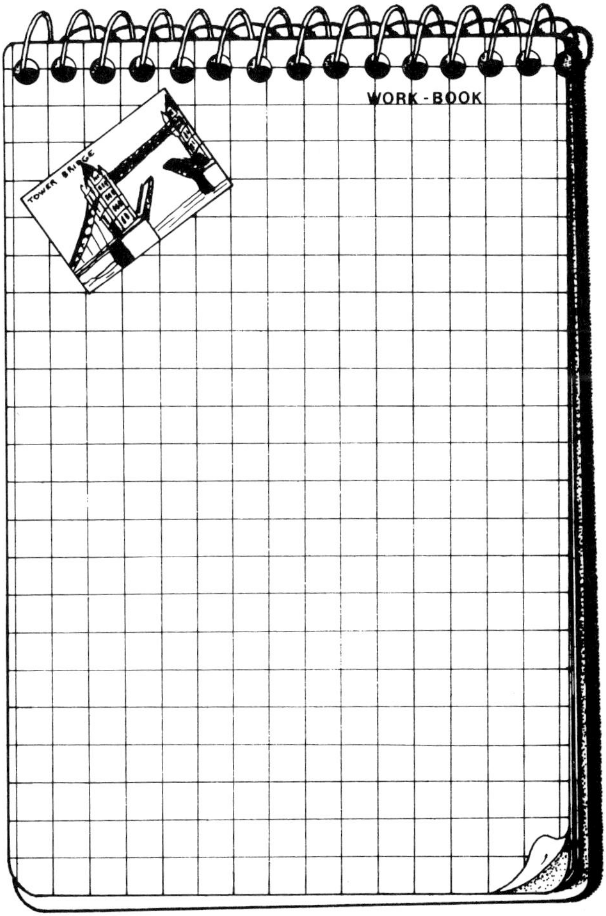

PRÉSENT SIMPLE

Emploi : il sert à exprimer :

— une action habituelle.
Brian plays tennis on Saturdays.
Brian joue au tennis le samedi.

— un fait permanent, une vérité permanente.
He speaks English and Spanish.
Il parle anglais et espagnol.

Formation :

• Forme affirmative :

On utilise la base verbale à toutes les personnes sauf à la troisième du singulier qui prend un s.

I	*work*
You	*work*
She / *He*	*works*
We	*work*
You	*work*
They	*work*

• Modifications orthographiques :

A la troisième personne du singulier, lorsqu'on ajoute un *s* :
Le ***y*** se transforme en *i* quand il est précédé d'une consonne.
To cry → *he cries*
On ajoute un ***e*** entre le ***o*** et le ***s.***
To go → *he goes*

• Forme négative :

Do + not / *Don't* } — base verbale

Attention : c'est l'auxiliaire *do* qui prend le *s* à la troisième personne du singulier et qui devient ***does.***

I	*don't work*
You	*don't work*
He / *She*	*doesn't work*
We	*don't work*
You	*don't work*
They	*don't work*

• Forme interrogative :

Do / *Does* } – sujet – base verbale

Do you work?
Does he/she work?
Do they work?

• Réponses courtes :

Pronom sujet – base verbale
Do you drink tea every day?
Buvez-vous du thé tous les jours?
Yes, ***I do.***

• Question tags.

— Si on attend une **réponse affirmative**, on a la construction :

Do + *not* contracté – pronom sujet.
Does

Your father works in Bristol, ***doesn't he?***

— Si on attend une **réponse négative**, on a la construction :

Do / *Does* } – pronom sujet

She doesn't like peas, ***does she?***
Elle n'aime pas les petits pois, n'est-ce pas ?

PRÉSENT PROGRESSIF

Emploi : il décrit une action qui n'est pas encore terminée, qui est en train de se dérouler.
Look ! He's talking to the teacher.
Regarde ! Il parle au professeur.

Formation :

- Forme affirmative :

Auxiliaire ***be*** conjugué au présent – base verbale + ***ing***

I'm playing
You're playing
He's / She's playing
We're playing
You're playing
They're playing

- Forme négative :

On ajoute ***not*** à l'auxiliaire.

I'm not playing
You aren't playing
She / He isn't playing
We aren't playing
You aren't playing
They aren't playing

- Forme interrogative :

On **inverse** le sujet et l'auxiliaire.
Are you *playing?*
Is he *playing?*
Are they *playing?*

- Réponses courtes :

Are you working?
Yes, I am

• Question tags.

Si on attend une réponse affirmative, on a la construction :

be conjugué au présent } + *not* contracté + pronom sujet

Dad is reading the paper, ***isn't he?***

Si on attend une réponse négative, on a la construction :

To be conjugué au présent } – pronom sujet

He isn't working now, ***is he?***

PRESENT PERFECT

Emploi :

Action passée dont on ne précise pas la date. Ce qui importe, c'est le résultat présent de cette action et non le moment où elle a été faite.

He's been to England. Now he can speak English very well.

Il est allé en Angleterre. Maintenant il parle bien anglais.

Formation :

- Forme affirmative :

Have – participe passé

*I **have called** the police.*

J'ai appelé la police.

I have	*called*
You have	*called*
He / She has	*called*
We have	*called*
You have	*called*
They have	*called*

I've	*called*
You've	*called*
He's / She's	*called*
We've	*called*
You've	*called*
They've	*called*

- Forme négative :

Have (ou *has*) + *not* – participe passé

*I **haven't met** him.*

Je ne l'ai pas rencontré.

• Forme interrogative :

On **inverse** le sujet et *have.*
***Have you** seen this film?*
As-tu vu ce film ?
***Has he** read that book?*
A-t-il lu ce livre ?

• Réponses courtes :

Have you been to a rock concert?
Yes, I ***have.***
*No, I **haven't***

• Question tags.

Si on attend une réponse **affirmative**, on a la construction :

Have / *Has* } + *not* contracté – pronom sujet

*He's arrived, **hasn't he?***
Il est arrivé, n'est-ce pas ?

Si on attend une réponse **négative** :

Have / *Has* } – pronom sujet

*Your sister hasn't phoned you, **has she?***
Ta sœur ne t'a pas téléphoné, n'est-ce pas ?

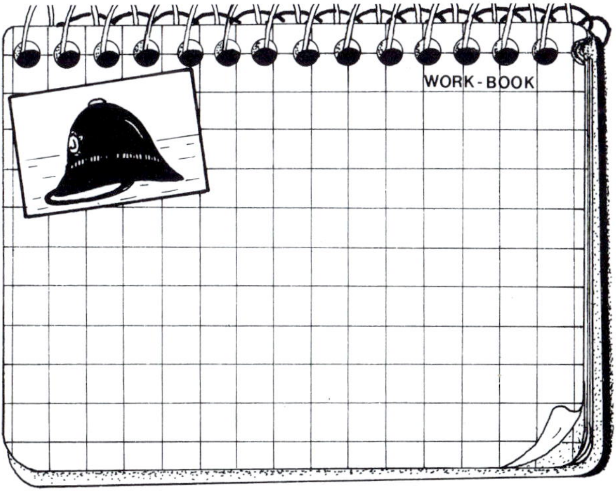

PRESENT PERFECT PROGRESSIF

Emploi :

On utilise le *present perfect* progressif lorsqu'on veut insister sur la continuité d'une action, lorsqu'on considère cette action dans son déroulement.

She's been waiting for you.

Elle vous attend.

Formation :

- Forme affirmative :

Have – *been* – base verbale + *ing*
Has

*They'***ve been living** *in that house for a long time.*

Ils habitent dans cette maison depuis longtemps.

- Forme interrogative :

On **inverse** le sujet et *have.*

How long **have you** *been learning the piano?*

Depuis combien de temps apprenez-vous le piano ?

PRETERIT SIMPLE

Emploi :

Il exprime une action terminée, précise dans le passé.
Mrs. Brooks made a cake yesterday.
Mme Brooks a fait un gâteau hier.

★ A) Prétérit régulier.

• Forme affirmative :

On ajoute ***ed*** à la base verbale à toutes les personnes.

I played
You played
He } played
She } played
We played
You played
They played

• Forme négative :

Did + not } – base verbale à toutes les personnes
Didn't }

I didn't play ou *did not play*
He didn't play ou *He did not play*

• Forme interrogative :

Did – sujet – base verbale
***Did you play** golf yesterday?*
Avez-vous joué au golf hier ?

• Réponses courtes :

Did you go on holiday last year?
*Yes, **I did***
*No, **I didn't***

• Question tags.

Si on attend une **réponse affirmative**, on a la construction :
Did + not contracté – pronom sujet
*He went to London yesterday, **didn't he?***
Il est allé à Londres hier, n'est-ce pas ?

Si on attend une **réponse négative** :

Did – pronom sujet

Mr. Gray didn't go to London yesterday, did he?

M. Gray n'est pas allé à Londres hier, n'est-ce-pas ?

★ B) Prétérit irrégulier

Certains verbes ont une forme particulière au prétérit. Il faut les savoir par cœur.

To see → I saw

To go → I went

A la forme interrogative et à la forme négative, ils se forment comme pour le **prétérit régulier.**

I went to school yesterday → I didn't go to school yesterday.

Attention : c'est *did* qui porte la marque du prétérit. Le verbe se met à l'infinitif sans *to.*

PRETERIT PROGRESSIF

Il exprime une action qui était en train de se produire à un certain moment du passé.
He was reading a book when the phone rang.
Il lisait un livre lorsque le téléphone sonna.

Formation :

To be conjugué au prétérit – base verbale + ***ing***

I was reading
You were reading
He } *was reading* *She* }
We were reading
You were reading
They were reading

- Forme interrogative :

On **inverse** le sujet et l'auxiliaire :
Were you *reading?*
Was she *reading?*

- Forme négative :

On ajoute la **négation** à l'auxiliaire.

I wasn't reading
You weren't reading
He } *wasn't reading* *She* }
We weren't reading
You weren't reading
they weren't reading

- Réponses courtes :

Were they sleeping when you phoned?
Etaient-ils en train de dormir lorsque vous leur avez téléphoné ?
Yes, ***they were.***
No, ***they weren't.***

• Question tags.

Si on attend une **réponse affirmative**, on a la construction :

To be conjugué au prétérit } + *not* contracté – pronom sujet

Peter was joking, wasn't he?
Pierre plaisantait, n'est-ce pas ?

Si on attend une **réponse négative** :

To be conjugué au prétérit } – pronom sujet

She wasn't sitting on that bench, ***was she?***
Elle n'était pas assise sur ce banc, n'est-ce pas ?

PRONOMS POSSESSIFS

Mine
Yours
His
Hers
Ours
Yours
Theirs

Ils correspondent au français à moi - à toi - le mien - la mienne - les miennes - le tien - la tienne - les tiennes... Ils permettent de répondre à la question ''*Whose...?*'' (A qui... ?) sans avoir à reprendre le nom du possesseur ni celui de l'objet possédé.

Whose bag is it?
A qui est ce cartable ?
It's Jenny's. (Il est à Jenny)
It's ***hers.*** (Il est à elle)

It's my book. (C'est mon livre)
It's ***mine.*** (Il est à moi)

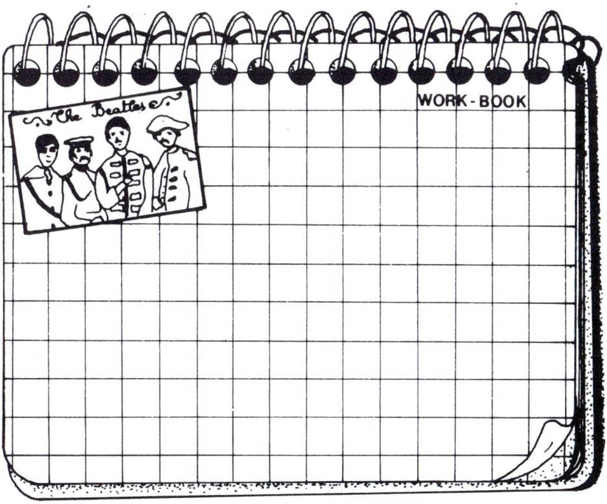

QUESTION TAGS

Les **tags** sont des reprises verbales en fin de phrase, que l'on utilise lorsqu'on recherche l'**approbation** de son interlocuteur.

Ils correspondent au français « n'est-ce pas ? », mais sont beaucoup plus utilisés en anglais. Ils correspondent aussi à ces **« hein ? »** qui terminent souvent nos phrases en français quand on demande l'approbation de quelqu'un.

Lorsqu'on recherche l'approbation de son interlocuteur, on peut attendre soit une réponse affirmative, soit une réponse négative.

★ **1er CAS.** On attend une **réponse affirmative.**
Le tag est **négatif**. On le forme de la façon suivante :

AUXILIAIRE + ***NOT*** **contracté – pronom sujet**

		Tag négatif	**Réponse attendue**
It's good,	→	*isn't it?*	*Yes, it is.*
He plays football,	→	*doesn't he?*	*Yes, he does.*
Mr. Miller likes tea,	→	*doesn't he?*	*Yes, he does.*
Jennifer can play the piano,	→	*can't she?*	*Yes, she can.*
You will come,	→	*won't you?*	*Yes, I will.*
You went to London last year	→	*didn't you?*	*yes, I did.*

★ **2e CAS.** On attend une **réponse négative.**
Le tag est **affirmatif**. On le forme de la façon suivante :

AUXILIAIRE – pronom sujet

It isn't very nice,	→	*is it?*	*No, it isn't.*
You're not Helen Archer,	→	*are you?*	*No, I'm not.*
Mrs. Jones doesn't understand French,	→	*does she?*	*No, she doesn't.*
They don't play well,	→	*do they?*	*No, they don't.*
Your friend hasn't got his passport,	→	*has he?*	*No, he hasn't.*
You didn't like it,	→	*did you?*	*No, I didn't.*

PRONOMS RÉFLÉCHIS

Myself
Yourself
Himself
Herself
Itself
Ourselves
Yourselves
Themselves

Les pronoms réfléchis permettent **d'insister** sur le sujet de l'action.
I did it ***myself.***
Je l'ai fait moi-même.

La forme impersonnelle est : *oneself.*
To look at ***oneself*** : se regarder
To hurt ***oneself*** : se faire mal
I hurt myself yesterday.
Je me suis fait mal hier.

Attention :
by – **pronom réfléchi** = tout seul.
I'm ***by myself*** : je suis tout seul.

PRONOMS RELATIFS

Pronoms relatifs sujets : ***WHO - WHICH - THAT***

★ On emploie ***who*** lorsque l'antécédent est un nom de personne.

I talked to a man ***who*** *is a famous writer.*
J'ai parlé à un homme qui est un écrivain célèbre.

The boy ***who*** *is playing in the garden is my cousin.*
Le garçon qui joue dans le jardin est mon cousin.

★ On emploie ***which*** lorsque l'antécédent est un nom de chose.

I saw a film ***which*** *was very sad.*
J'ai vu un film qui était très triste.

Can you get me the book ***which*** *is in my room?*
Peux-tu me porter le livre qui est dans ma chambre?

★ ***That*** introduit une subordonnée relative restrictive ou définissante.

L'antécédent peut être un nom de personne ou un nom de chose, mais il signifie ''celui qui, celle qui, ceux qui, celles qui'' et laisse supposer qu'il y a d'autres personnes ou d'autres choses.

I have received a letter from my sister ***that*** *lives in America.*
J'ai reçu une lettre de ma sœur qui habite en Amérique (... de celle qui habite en Amérique).

This is the man ***that*** *talked to me yesterday.*
Voici l'homme qui m'a parlé hier.
Dans ce cas, l'homme est défini par la relative qui est **indispensable au sens de la phrase.**

Attention : ***who*** et ***which*** peuvent s'employer que la relative soit **restrictive ou non.**
On peut donc dire :

This is the man ***that / who*** *talked to me yesterday.*

That est le relatif normalement utilisé après : *all - everything - nothing - anything - something - very - only* ainsi qu'après les superlatifs.

Everything that *he said was true.*
Tout ce qu'il a dit était vrai.

It is the ***fastest*** *car* ***that*** I have ever seen.
C'est la voiture la plus rapide que j'aie jamais vue.

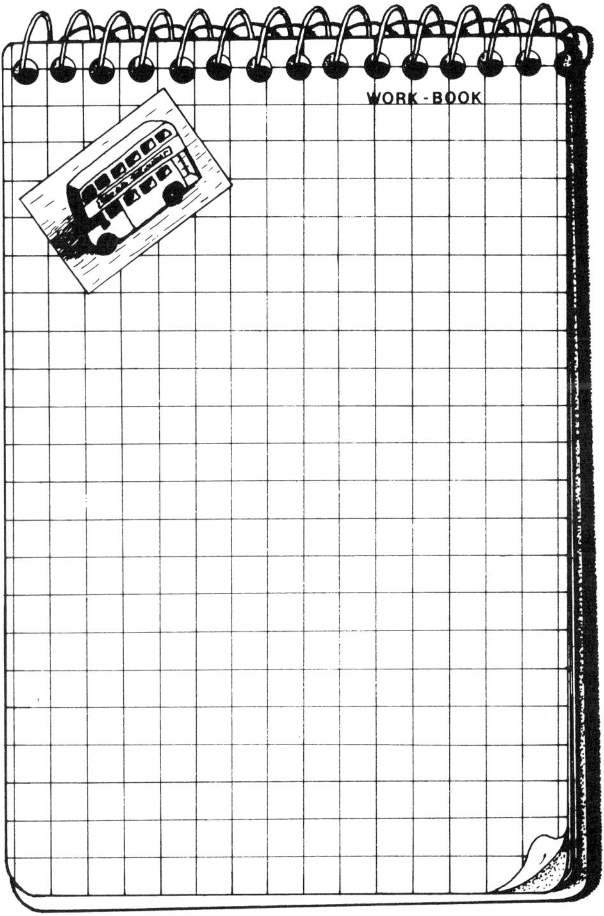

PRONOMS RELATIFS OBJETS

Antécédent nom de personne :
who dans la langue parlée.
whom qui est le plus formel.

Antécédent nom de chose : ***which***

That, que l'antécédent représente une personne ou une chose, dans les subordonnées restrictives.

	who he spoke to	(langue parlée)
I know the man	*whom he spoke to*	
	to whom he spoke	(style formel)

★ **OMISSION DU RELATIF :**

On peut supprimer le pronom relatif lorsqu'il est **complément d'objet direct** ou **indirect**

The film ***that*** / ***which*** *I saw yesterday was very good.*

ou

The film I saw yesterday was very good.

The girl you spoke to is Irish.
La jeune fille à qui tu as parlé est Irlandaise.

Attention : on ne peut pas omettre le relatif objet après une **préposition.**
The girl ***to whom*** *you spoke is Irish.*

PROPOSITION INFINITIVE

Après la plupart des verbes exprimant désir - intention - volonté - souhait - ordre - conseil - comme :
to like : aimer
to want : vouloir
to wish : vouloir - désirer
to order : ordonner - commander
to advise : conseiller
to prefer : préférer
to expect : espérer - s'attendre à
on a une proposition infinitive.

Construction :

I want you to work.
Je veux que vous travailliez.
Verbe – complément – infinitif.

Attention : s'il y a un **pronom personnel** dans la phrase, il ne faut pas oublier qu'il est complément.
She'd like her friends to come.
Elle aimerait que ses amis viennent.
ou
She'd like ***them*** *to come.*
Elle aimerait qu'ils viennent.

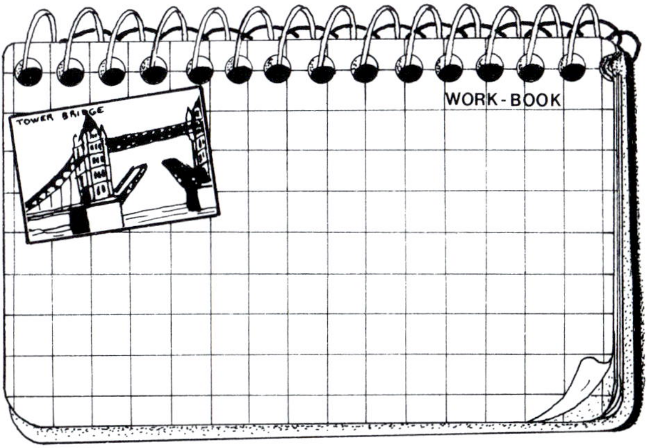

QUESTIONS INDIRECTES

Des questions telles que :
How old are they?
Where is it?
peuvent être posées indirectement :
He asks how old they are.
I'd like to know where he is.

Dans ce cas, il n'y a pas d'inversion du sujet et du verbe.

L'auxiliaire ***do, does, did,*** dont on se sert pour former la forme interrogative au style direct, **disparaît** dans les **questions indirectes.**

*What **does** he want?*
I'd like to know what he wants.
Where did they go?
She's asking where he went.

Si la question directe ne commence pas par un mot interrogatif *(when, what, where, who...)*
Does he speak English?
on introduit la question indirecte par *if* ou *whether.*
*They'd like to know **if** she speaks English.*

DISCOURS INDIRECT.
Concordance des temps

★ 1° La principale est au **présent** : le verbe de la subordonnée est au **présent**.
He says he can't do it now.
Il dit qu'il ne peut le faire maintenant.

★ 2° La principale est au **prétérit** :

a) le **présent** devient **prétérit**.
'I don't like it' he said. (Discours direct).
He said that he didn't like it. (Discours indirect).

b) le **present perfect** devient **pluperfect.**
'I've never been to England' she said. (Discours direct).
She said she had never been to England. (Discours indirect).

c) le **futur** devient **conditionnel.**
'I'll buy a new walkman' he said (Discours direct).
He said he would buy a new walkman. (Discours indirect).

d) le **prétérit** devient **pluperfect** :
'He drove too fast' they said. (Discours direct).
They said he had driven too fast. (Discours indirect).

Le prétérit peut ne pas changer si la date de l'action est précisée dans la phrase.
'I met him in 1982' he said.
He said he met him in 1982.

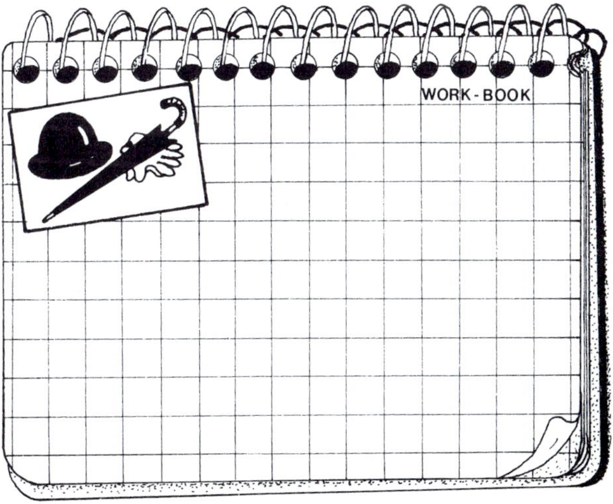

RÉPONSES DE CONFORMITÉ

MOI AUSSI - MOI NON PLUS

★ 1. Moi aussi

***So* – auxiliaire – sujet**

Jack is English (Jack est anglais)
So am I. (Moi aussi)
Dans cette phrase, on a repris l'auxiliaire *to be.*
Tom will be 13 next month. (Tom aura 13 ans le mois prochain.)
So will Peter. (Peter aussi).

Si la phrase avec laquelle on est en accord ne contient pas d'auxiliaire (présent simple, prétérit), on utilise respectivement ***do*** (***does*** à la troisième personne du singulier) et ***did.***
He wants to go to the circus. (Il veut aller au cirque).
So do I. (Moi aussi).
I went to London last Saturday. (Je suis allé à Londres samedi dernier).
So did the Millers. (Les Miller aussi).

Jenny must stay at home. (Jenny doit rester à la maison)
So must her brother. (Son frère aussi).

★ 2. Moi non plus.

***Neither* – auxiliaire – sujet**

I don't want to stay here. (Je ne veux pas rester ici).
Neither do *I.* (Moi non plus).

They weren't hungry. (Ils n'avaient pas faim).
Neither were their friends. (Leurs amis non plus).

Les réponses de conformité peuvent s'exprimer également de la manière suivante :
They can come - ***I can, too.***
He won't accept - ***I won't either.***

TO SAY — TO TELL

Ces deux verbes se traduisent par "dire", mais on ne les emploie pas de la même façon en anglais.

On utilise ***to tell*** lorsque la personne à qui l'on parle est mentionnée dans la phrase.

*What did he **tell you**?*

*What did he **say**?*

SHOULD — OUGHT TO

Les auxiliaires modaux ***should*** et ***ought to*** permettent d'exprimer un conseil.

*You **should go to the doctor's.***
Vous devriez aller chez le docteur.
*They **ought to** take the train.*
Ils devraient prendre le train.

A la forme négative, on préfère ***shouldn't*** à ***oughtn't to***, plus facile à prononcer.

*You **shouldn't** smoke so much.*
Vous ne devriez pas fumer autant.

SO — SUCH

Ils signifient : tellement, si, aussi.

On emploie :

★ ***so*** devant un adjectif attribut.

*That boy is **so** funny.*
Ce garçon est si drôle.
It's so cold today.
Il fait si froid aujourd'hui.

★ ***such*** devant un adjectif épithète.

That is such a funny boy.
*It's **such a** funny story.*
C'est une histoire si drôle.

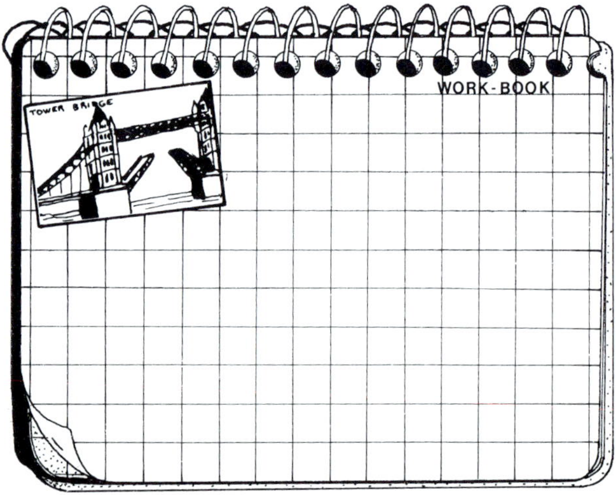

SOME — ANY — NO

Some et *any* signifient du, de la, des avec le sens de un peu de, une certaine quantité de.

Some s'emploie en général dans les phrases affirmatives.
I'd like some tea.
Je voudrais du thé.

Pour les questions, on emploie ***any.***
Is there any tea?
Y a-t-il du thé ?

Dans les phrases négatives, on emploie ***not any*** ou ***no.***
There isn't any coffee.
ou
There is no coffee.

COMPOSES DE SOME

Somebody / *Someone*	quelqu'un
Something	quelque chose
Somewhere	quelque part

Ils suivent les mêmes règles que some à la forme interrogative et négative.

	Forme interrogative	Forme négative
Somebody	*anybody*	*not anybody ou nobody*
Someone	*anyone*	*not anyone ou noone*
Something	*anything*	*not anything ou nothing*
Somewhere	*anywhere*	*not anywhere ou nowhere*

SUPERLATIFS DE SUPÉRIORITÉ

LE PLUS...

Pour les former, on distingue les adjectifs courts et les adjectifs longs, comme pour le comparatif de supériorité.

★ 1. Adjectifs courts.

The - adjectif + *est*
*February is **the shortest** month of the year.*
Février est le mois le plus court de l'année.

★ 2. Adjectifs longs.

The most - adjectif.
*This is **the most interesting** book in the school library.*
C'est le livre le plus intéressant de la bibliothèque de l'école.

Modifications orthographiques.
big → *the biggest*
happy → *the happiest*
nice → *the nicest*

Superlatifs irréguliers.
Good → *the best*
bad → *the worst*
*He's one of **the best** singers in the country.*
C'est l'un des meilleurs chanteurs du pays.

Complément du superlatif.
Le complément du superlatif est introduit par ***in*** s'il indique le lieu, par ***of*** dans les autres cas.
*My grandmother is the **oldest** woman **in** the village.*
Ma grand-mère est la femme la plus âgée du village.

Après un superlatif, qui se traduit par *that* qui est souvent sous-entendu.
*It's **the most interesting** book (that) I have ever read.*
C'est le livre le plus intéressant que j'aie jamais lu.

THERE IS – THERE ARE

Dans cette expression le verbe être s'accorde avec ce qui suit et peut se mettre à tous les temps.

There is *a dog in the garden.*
Il y a un chien dans le jardin.
On met *there is* puisque *dog* est singulier.

There are *a lot of books in my bag.*
Il y a beaucoup de livres dans mon cartable.
On met *there are* puisque *books* est pluriel.

There was *a good film last night.*
Il y avait un bon film hier soir.

There will be *a lot of people tonight.*
Il y aura beaucoup de monde ce soir.

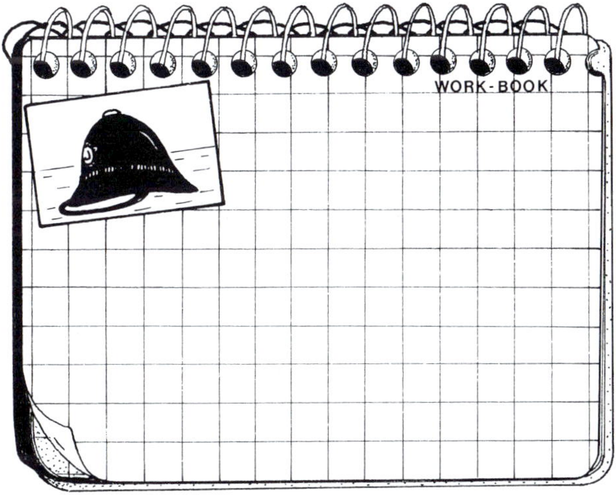

USED TO

Used to sert à former le passé révolu.

On emploie ***used to*** pour parler d'une action que l'on avait l'habitude de faire dans le passé mais que l'on ne fait plus maintenant.

*I **used to** read a lot of detective novels when I was younger.*

Je lisais beaucoup de romans policiers quand j'étais plus jeune.

Forme interrogative :

Did – **sujet** – ***use to***

***Did he use to** go to the cinema every day?*

Allait-il au cinéma tous les jours?

Forme négative :

Did + ***not*** **contracté** – ***use to***

*He **didn't use to** do such things.*

Autrefois, il ne faisait pas des choses comme cela.

WHAT — WHICH

Dans une phrase non interrogative, ***what*** et ***which*** peuvent signifier ce que, ce qui.

Différence entre ***what*** et ***which.***

What annonce ce qui suit alors que ***which*** reprend, résume ce qui précède.

*Tell me **what** you want to do.*
Dis-moi ce que tu veux faire.

*He said he was very good at tennis, **which** was not true at all.*
Il dit qu'il était très fort au tennis, ce qui n'était pas vrai du tout.

EXPRESSIONS NÉCESSAIRES POUR COMMUNIQUER

SALUTATIONS

Comment saluer quelqu'un :

le matin : *Good morning.*
l'après-midi : *Good afternoon.*
le soir : *Good evening.*

Réponses :
On utilise les mêmes expressions.

Comment prendre congé de quelqu'un :
Bye - bye.
Goodbye.
Cheerio.
So long.
See you.
See you later.
See you (at four o'clock).
See you tomorrow.

Réponses :
On utilise une de ces expressions.

Comment prendre congé **le soir** :
Good night.

Réponse :
Good night.

Comment saluer quelqu'un d'une façon informelle :
Hello
Hi

Réponses :
On utilise une de ces expressions.

Comment saluer quelqu'un d'une façon formelle :
How do you do.

Réponse :
How do you do.

A : Hello, John.
B : Hello, George.
A : This is Harry Carpenter.
Harry, this is George Baker.
B : How do you do.
C : How do you do.
B : Where do you live, Mr. Carpenter?
C : I live in Middlesbrough.
B : Do you work here?
C : Yes, I do.
B : What do you do?
C : I'm the new director.
B : Oh, excuse me.
C : That's O.K., Mr. Baker.

Comment demander à quelqu'un de ses nouvelles :
How are you?
How are you getting on?
How's things? (très familier)

Réponses habituelles :
(I'm) fine, thanks.
Very well, thank you. And you ?
Fine, thank you.
Not too bad, thanks.
Not so bad.
So so.
(Much) (a little) better, thanks.

A : Hello, Jim. How are you getting on?
B : Fine, thanks. How are you, Tom?
A : Not too bad, thanks. I had a bad cold last week, but I'm O.K. now.

To have a cold : être enrhumé.

Comment accueillir quelqu'un :
Glad to meet you.
Pleased to meet you.

Comment souhaiter la bienvenue à quelqu'un :
Welcome to...

Comment présenter quelqu'un :
This is...
I'd like you to meet...
You know Mr./Mrs., don't you?
I don't think you know Mr./Mrs. ...
I don't think you've met Mr./Mrs. ...
Let me introduce...

Here are some of your future colleagues.
You know Susan Harris, don't you? She's our coordinator. She's English. I'd like you to meet Ann MacGregor. Ann is my subeditor. She's from Scotland, of course. Have you met Gareth Williams?

Well, I have met Miss'O'Hara.
Don't you remember? I looked at her photographs while you were interviewing her this morning. But I haven't met Mr. Dufour.

• Établissement et maintien de contact

Comment établir le contact avec quelqu'un :

Excuse me
Can I help you?
What can I do for you?

A : Redcar Police Station ; can I help you ?
B : Yes, it's about my son. He hasn't arrived home yet.
A : Just a moment, Mrs...
B : Mrs. White.
A : Now, Mrs. White... Tell me what happened exactly ?
B: Well, Mike usally gets home at 4.25. I phoned the school at about 5. It seems he left school with the boy he usually walks home with, Tom Miller, and they said he might still be with him. So I hurried to the Millers' ; they live round the corner. Tom was there but he hadn't the slightest idea where Mike could be.
A : Don't worry, Mrs. White. How old is your son ?

Comment maintenir le contact :

Après les salutations, une conversation peut continuer par des remarques sur le temps. Ainsi on peut dire :
Fine weather, isn't it!
Nice weather, isn't it!

ou bien ;
It's a lovely day, isn't it?

Réponse possible :
Yes, isn't it beautiful!

ou encore :
What miserable weather!
Réponse possible :
Dreadful!

A : Good morning, Mr. Murray. Nice weather, isn't it?
B : Yes, lovely. I hope it stays fine.
A : So do I... Tell me, how are you enjoying your holiday?

Comment maintenir le contact au téléphone :

Hold on!

• Comment téléphoner, commencer ou terminer une lettre

Comment répondre au téléphone :

Donner son numéro, chiffre par chiffre.
Attention : O se prononce [əu]
This is Mr./Mrs./John... (speaking).

A : 908546
B : Hello, Cathy ; this is Jane. What are you doing today ?
A : Nothing much. I've been reading all morning. What have you been doing ?
B : I've been helping mum in the garden. What about going to the swimming-pool this afternoon ?
A : I can't. I've already spent my pocket money.
B : It doesn't matter...

swimming-pool : piscine
pocket money : argent de poche

Comment commencer et terminer une lettre :

a) **lettre officielle.**

Dear Sir, / Dear Madam,
With reference to your letter of...

Yours faithfully

b) **lettre moins formelle.**

Dear Mr./Mrs. Wilson,
Thank you for your letter of...

Yours sincerely
ou bien
Sincerely

c) **lettre informelle :**

Dear Mike/Betty,

Yours
Love

• Encouragements - Souhaits - Vœux

Comment encourager quelqu'un :

Come on! Cheer up!
Allons! Courage!
There, there. (That's all right.)
Allons, allons. (Tout va bien.)
Don't worry.
Ne vous tracassez pas.
That's too bad!
Comme c'est dommage!
Never mind!
Ne vous inquiétez pas!

A : You look upset, Mrs. Buchanan. What's the matter ?
B : Somebody stole my bag while I was doing the washing up.
A : There, there... Tell me when it happened, if you saw the man and what he was like.

upset : bouleversé.
to do the washing up:
faire la vaisselle.

Comment exprimer des vœux :

All the best!
Mes meilleurs vœux vous accompagnent.
Good luck.
Bonne chance.
Have a good time
Enjoy yourself Amusez-vous bien.
Have fun
Bless you! (A vos souhaits ! après un éternuement).

Comment exprimer un souhait :

Merry Christmas! Joyeux Noël !
Happy New Year! Bonne Année !
Happy birthday! Joyeux anniversaire !

• Excuses et remerciements

Comment s'excuser :

Oh, excuse me.
Sorry!
I'm so sorry!
I'm (terribly/awfully sorry)!
So sorry!

Comment refuser une offre, une invitation :

I'm afraid I...
That's very kind of you, but...
Thanks for (the invitation), but...
I can't really, because...
I'd love to, but...

A : Can I help you?
B : Yes... Well... You see... My sister bought this record player here last week and it doesn't work very well.
A : Who's your sister?
B : Mrs. Baker; Jane Baker.
A : Oh, yes... When did she buy it exactly?
B : I think it was last Saturday.
A : Why didn't your sister come earlier? I'm afraid I can't give you your money back now.

Record player: tourne-disque.
It doesn't work very well: il ne marche pas très bien.
To give back: rendre.

Comment remercier :

Thank you (very much).
Thanks (very much).
Many thanks.
Thanks very much.
Thank you so much.
Its so kind of you.
It's so nice of you.

Comment répondre à un remerciement :

That's all right.
You're welcome.
It's a pleasure.
Any time.
Not at all. It's a pleasure.

• Gap fillers

Comment éviter les silences :

Well...
Oh...
Er...
I see...
You see...
You know...
Let me see...
Now then...
As a matter of fact...
Anyway...
Any how...

A : 108869
B : Caroline ? It's me, Betty. Am I ringing at a bad time ?
A : Oh, no. Is there anything wrong ?
B : Well... I won't be able to come to the party tonight.
A : Why ? What's the matter ?
B : You see, my cousin is coming from Australia tonight. I last saw him eight years ago, so I'll have to stay at home with him.
A : How old is he ?
B : Eighteen, I think.
A : He must like dancing, then. Why don't you bring him along ?

Bad time: mauvais moment.
To stay at home: rester à la maison.

INFLUENCE EXERCÉE SUR AUTRUI

1. Comment proposer quelque chose :

What about } – nom
How about }

What about a cup of tea?

Do you want – nom
Do you want a biscuit?

Would you like – nom
Would you like another sandwich?

Do you fancy – nom
Do you fancy a glass of lemonade!
Do you (D'you) want to – base verbale
Would you like to – base verbale
Would you like to go to the cinema with me tonight?
Do you want to see the football match?

A : What time is it, Mary?
B : Half past eight.
C : It's late. Let's go to Mrs. Turner's.
B : Do you mind if I have another cup of coffee?
A : Not at all.
B : What about you, Barbara? Would you like another cup, too?
C : Yes, and a biscuit too, please.
A : Well... two cups of coffee... a biscuit... How much is that?
B : Don't worry, Brian. I can help you out. Here's a pound.

2. Comment inviter quelqu'un à parler de lui, de ce qu'il veut, à donner son avis :

What about you?
What do you think?

A : When do you do your homework, Jean ?
B : Well, I can't bear working very late, so I try to do most of it before having supper.
A : And what about the weekends ?
B : I don't mind working on Saturdays, but I hate getting up on Sunday mornings, so you see... Now, what about you ?

Homework: devoirs.
Late: tard.
To hate: détester.

3. Comment inviter quelqu'un à faire quelque chose :

Do – base verbale
Do sit down!

A : Do come in, Mr. O'Neill. You know Mr. Black, our Maths teacher, don't you ?
B : Yes, I've already met Mr. Black.
A : I suppose you know why I've asked to see you ?
B : I guess it's about my son, but I'm afraid he hasn't told me everything.
A : What exactly did he tell you, Mr. O'Neill ?

4. Comment suggérer de faire quelque chose :

Let's – base verbale.
Let's watch BBC I.

Shall we – base verbale.
Shall we go to the cinema?

What about / *How about* } – base verbale + *ing.*
What about going to the concert?

Why don't we – base verbale.
Why don't we go to the theatre?

A : What about going to the pictures this evening ?
B : That's a good idea ! Do you know what's on ?
A : I'm not sure. Let's have a look at the paper.
B : But we haven't got the paper !
A : Let me see... Let's phone the Clarks then.
B : Fine ; what's the number ?

Paper: journal.

Comment accepter :

I'd like to (very much).
I'd love to (very much).
That's a good idea!
Oh, what a good idea!
That'd be great!
O.K.
Terrific!
Super!

Comment refuser :

I'm afraid I can't.
I'm sorry, I can't.
I'd like to, but...
Well, not really!
I don't think that's a good idea.
I can't really, because...
I'd better not.
I'd rather not.

Dialogue :

A : Would you like to go to the restaurant with me tonight?
B : That's a good idea! Where are you going?
A : Well, I haven't decided yet. Let me see... Do you like Indian food?
B : Not really!
A : Well how about Chinese?
B : That'd be great!

Food: nourriture.

5. Comment suggérer à quelqu'un de faire quelque chose :

You can – base verbale.

You could – base verbale.

Why don't you – base verbale.
Why don't you go to the cinema?

Why not – base verbale.

A : What's the matter, Brian?
B : I haven't got my keys.
A : What are you going to do then?
B : I don't know.
A : Why don't you phone your parents?
B : I can't.
My mother hasn't got a phone and my father is away for the day.
A : If you like, you can come home with me. We'll...
B : Oh no, I know what I'm going to do......

Key: clé.

Comment demander à quelqu'un de faire une suggestion :

What shall we – base verbale.
What shall we have for lunch?

Comment conseiller à quelqu'un de faire quelque chose :

You should / *You ought to* – base verbale.
You should do your homework now.

Why don't you – base verbale.
Why don't you go to the swimming-pool?

You'd better – base verbale.
You'd better hurry up.

You could – base verbale.
You could read a good book instead.

Comment exprimer l'obligation :

Base verbale.
Sit down!
Go away!
Come here!
Open the window, please?
Open the window, will you?

You must – base verbale.

You have to – base verbale.
You've got to – base verbale.

Do – base verbale.
Do keep quiet!

You – base verbale.
You keep quiet!

A : 005, you're going on a dangerous mission.
B : Ha, ha !
A : You needn't laugh, 005. Last week I had to send two agents to help you in Moscow.
B : That was very kind of you, sir, but I didn't need any help.
A : Anyway, you must go to New York on tonight's plane.
B : Could I wait till tomorrow, sir ?
A : No, if you hurry, you can be at the airport in time.
B : Who will I meet in New York ?

To help: aider.
To hurry: se dépêcher.

Comment interdire quelque chose :

Don't – base verbale.
Don't open the window!
Stop – base verbale - *ing.*
Stop talking!
I don't want you to – base verbale.
You can't } – base verbale.
You mustn't }

Comment montrer l'absence d'obligation :

Needn't – base verbale.
Don't need to – base verbale.
Don't have to – base verbale.
He doesn't have to pay for it.

Dialogue :

A : Don't drive so fast, Harold. We'll have an accident if you're not careful!
B : Stop shouting at me, Mary! I know what I'm doing.
A : Do you? You almost hit a bus a few minutes ago. You know you mustn't overtake on this road.
B : All right. I know. You don't have to keep reminding me!

Careful: prudent.
To overtake: doubler.
To remind: rappeler (quelque chose à quelqu'un).

Comment exprimer un désir, une requête :

I want to – base verbale.
I'd like to – base verbale.
I'd like to stay here.

Could you
Would you } – base verbale.
Would you show me your book.

I'd like you to – base verbale.

Do you mind
Would you mind } – base verbale + *ing.*
Would you mind shutting the window?

A : I'd like you to go to the airport tonight, Mr. Taylor.
B : I'm afraid I can't, sir, it's six o'clock and...
A : You see, Mr. O'Connors from Dublin will be there by seven and I can't welcome him myself. That's why I want you to go and meet him at the airport. No one can do it but you.
B : All right, sir, but I'll have to make a phone call first.

Comment demander l'autorisation de faire quelque chose :
Can I – base verbale (langue familière).
Can I watch TV, Dad? (Je peux regarder la télé, papa?)

Could I – base verbale.
Could I phone my parents?

May I – base verbale (formel).
May I close the window? (Puis-je ouvrir la fenêtre?)

Do you mind if I – base verbale.
Do you mind if I sit here?

APPRÉCIATION

APPRÉCIATION INTELLECTUELLE

Comment montrer son approbation :
Good!
That's good!
That's a good idea!
A very good idea.
What a good idea!
That's an excellent idea!
Splendid!
Excellent!
Wonderful!
Right.
That's fine!
Great!
How wise (of you)!

A : Why don't we go to Canada for a change ?
B : I thought you wanted to go to Spain !
A : Well, I met Mrs. Gibson this morning while I was doing the shopping. She went there last year. She said she liked it very much.
B : Right. Shall we phone the travel agency ?
A : That's a good idea.

Spain: Espagne.
To do the shopping: faire les courses.
Travel agency: agence de voyages.

Comment montrer sa désapprobation :

It's not very good.
That's not a good idea.
The very idea!
I wouldn't do that.
You shouldn't do that.
How awful!
What for?
That's silly!
You must be joking!
Shame on you! (Quelle honte !)
You! of all people! (Faire ça ! Vous ! ça alors !)
That's not done! (Ça ne se fait pas !)
Can't you behave yourself? (Tu ne peux donc pas te tenir convenablement ?)
You must be crazy!
Really!

Dialogue :

A : I'm going skiing again this winter.
B : I wouldn't do that if I were you. Remember what happened last year. You broke your leg.
A : That's silly! Last year I was only a beginner.
B : And you're still a beginner this year. Really, you must be crazy!

Beginner: débutant.

Comment interroger sur le choix ou la préférence :

Do you want *tea* ***or*** *coffee?*
Which one do you want?
Which one would you like?
Which do you prefer, tea or coffee?
What would you prefer to do...?

Réponses :
I want...
I prefer – nom.
I prefer coffee.
I'd prefer – nom ou verbe à l'infinitif.
I'd prefer to watch the match.
I'd rather – base verbale.
I'd rather stay at home.

I'd rather go back to France
than stay in this country!

Comment exprimer une restriction, une atténuation :

Only –	*There's only one book on the table.*
	Il n'y a qu'un livre sur la table.
Just –	*"Just a minute!"*
Quite –	*It's quite good.*
	C'est assez bon.
A bit –	*You're a bit late.*
	Vous êtes un peu en retard.
Rather –	*It's rather difficult.*
	C'est assez difficile.
Nearly –	*It's nearly ten.*
	Il est presque dix heures.
Hardly –	*I can hardly see him.*
	Je peux à peine le voir.
Almost –	*It's almost seven.*
	Il est presque sept heures.

Comment qualifier quelqu'un :
He's French.
He's a (good) butcher.
He's a foreigner.
Avec une proposition relative définissante. (Cf. grammaire).
That's the boy who gave me the book.
C'est le garçon qui m'a donné le livre.
That was the day when we won the match.
C'était le jour où nous avons gagné le match.
This is the man whose son swam across the Channel.
C'est l'homme dont le fils a traversé la Manche à la nage.

A : I wrote a letter this morning, but I haven't had time to post it.
B : Who did you write to ?
A : To Helen. Don't you remember her ? She's the girl who was staying at the Jacksons' last winter.
B : Oh yes, I remember now. Do you know what we could do ? We could go and play tennis right now, so you could put it in the letter box that's next to the tennis court, couldn't you ?

Who did you write to?: A qui as-tu écrit ?
Right now: tout de suite.
Letter box: boîte à lettres.

Comment faire une comparaison :

Adjectif court + *er* - *than.*

More - adjectif - *than.*

As - adjectif - *as.*

Not so - adjectif - *as.*

Less than - adjectif.

Like.

He's like his father.

Warm: chaud.

Comment exprimer :

Contrariété, déception :

Oh, no!
Not again!
Good Heavens! (Juste ciel !)
Heavens above!
Heavens no!
Hard luck! (Pas de chance !)
Damn! / *Bother!* Zut ! la barbe !
It's getting on my nerves. (Ça me tape sur les nerfs.)
That's too bad!
That's sad!
What a shame! (Quel dommage !)
What a pity!
How disappointing! (Quel contretemps !)

Surprise :

Oh, auxiliaire – pronom sujet.
Oh, do you?
I prefer English food to French food. – Oh, do you?

Oh, did you?
You don't, do you? / You didn't, did you? / She isn't, is she? / etc.
She's more than sixty five.
She isn't, is she?

Really!
What a surprise!
What a coincidence!
How amazing!
How incredible!
I don't believe it!
I just can't believe it!
It can't be true!
Well I never! (Ben, ça alors !)
Well, well, well!

A : Betty ! It can't be true !
B : What a surprise ! What are you doing here ?
A : You see, I work here. I'm a bank manager.
B : How amazing ! You, a bank manager !
A : Yes... What about you ? What are you doing here ?
B : Well, I'm on holiday. By the way, can you tell me where St John's Avenue is ?

Bank manager: directeur de banque.

Comment exprimer sa joie, sa satisfaction :

Great! That's great! (Chouette ! épatant !)
That sounds great.
Splendid!
Marvellous!
Fantastic!
Amazing!
Wonderful! How wonderful!
Super!
Wow! (Youpi !)
How interesting!
How exciting!

A : What are you doing tomorrow evening ?
B : Nothing special.
A : There's a dance at the Youth Hostel. Do you want to go with me ?
B : That sounds great. I'll take my father's car.
A : I was just going to suggest that !
B : Shall we ask Jane and Patrick to come with us ?

Youth Hostel: Auberge de jeunesse.

Comment montrer de l'exaspération :

Come off it! (En voilà assez!)

Now leave me alone! (Laissez-moi donc !)

I'm tired of all this!

I can't { *bear* / *stand* } *it any longer!*

Je ne peux plus le supporter !

Enough is enough! (Trop c'est trop !)

I'm fed up with you! (J'en ai marre de toi !)

That gets on my nerves! (Ça m'énerve !)

Push off!
Get off it! (Du vent ! Du balai !)

Dialogue :

A : I'm fed up with this T.V. programme, it's so boring!
B : Don't you like political discussions!
A : No, they get on my nerves.
B : Perhaps it'll get more interesting later.
A : No, enough is enough! I'm going to switch it off.

To switch off: éteindre.

Comment exprimer :

Soulagement :

Phew! (Ouf !)

I'm all right now.

I feel better now.

That's a relief.

I'm glad it's all over.

Raillerie :

You don't say! (Pas possible !)
What next! (Quoi encore !)
Indeed! (Ben voyons !)
So what! (Et alors ?)
Big deal! (La belle affaire !)
My foot!
My eye! (Mon œil!)

Reproches :

You shouldn't do that!
That isn't done! (Cela ne se fait pas !)
Don't answer me back! (Ne réplique pas !)
You'd better mend your ways!
(Tu ferais mieux de changer de façons !)
How cheeky! (Quel toupet!)
How dare you! (Quelle audace !)

Dialogue :

A : ... and then he told me I'd have to work harder.
B : You don't say! I thought you worked very hard.
A : So did I but he told me I'd better mend my ways.
B : Mend your ways my foot! You're a model student.
Really! What next!

DISCUSSION

Comment exprimer son accord :

O.K.
That's O.K.
Of course.
All right.
That's right.
You're right.
I think (he)'s right.
I agree with you.
I think so.
I'm sure.
Certainly!
Definitely!
Absolutely!
Exactly!
Quite true!
That's very true!
That's just what I was thinking.

Dialogue :

A : When was Shakespeare born, Miss White?
B : Eh... in 1564, I think.
A : Right!
B : And when did he die?
A : In 1616, sir.
B : Quite true!

To die: mourir.

Comment montrer :

Accord partiel.

I see what you mean but...
But on the other hand...
I don't entirely agree with you there.

Désaccord.

Do you? I don't.
Of course not!
I don't think so.
I can't agree with you.
You're wrong.
I'm afraid you're wrong.
You must be mistaken.
I don't think you're right.
Certainly not!
That's not true at all.
That is not the point.
Là n'est pas la question.
Nonsense!
Rubbish! (A d'autres ! allons donc !)
That's ridiculous!
You're joking! (Vous plaisantez !)
You've got to be joking!

A : Who's that man in the Grays's garden ?
B : Just a moment... oh, it's Mr. Gray's brother ; he's on holiday here.
A : Do you know where he lives ?
B : I'm not sure... I think he lives in the US.
A : That's right. Look at the car over there !
B : Yes... and it's a nice car. I like it.
A : Oh,do you ? I don't !

Comment montrer une convergence de point de vue :
Too à la fin d'une phrase.
Réponses de conformité (cf. grammaire).

Tired: fatigué.
Present: cadeau.

Comment montrer un point de vue divergent :
You like..., I don't.
He doesn't like..., I do.

A : Brian's going to see Boy George tonight.
B : Oh, is he? He likes Boy George a lot. I don't.
A : Neither do I. But he doesn't like Simple Minds and I do.

• **Incompréhension - Incertitude - Doute**

Comment :

Chercher ses mots :

I can't think of the right word, but you know what I mean...

I can't remember what's it called.

Demander des éclaircissements :

Does this mean...

In other words...

Demander de répéter :
Sorry, I can't hear you. Can you repeat that, please?
I'm afraid I didn't hear that.
What was that?
Can } you repeat that?
Could }
Could you say that again, please?
I didn't catch what you said.

Comment exprimer :

Incertitude, doute.
I'm not sure.
It's difficult to say.
I couldn't say.
Do you really think that?
It seems so but...
*He **may be** 50.*

Ignorance.
I don't know.
I really don't know.
I can't tell you.
I couldn't say.
I've no idea.
I haven't the faintest idea.
(Je n'en ai pas la moindre idée.)

I haven't a clue.
How should I know? (Comment pourrais-je le savoir ?)

Comment exprimer une forte conviction :

Must.

A : *Our neighbour has got two cars and a boat.*
B : *He must be quite well off then!* (aisé)

Can't be.

A : *Do you know Mr. Van Dyke's number?*
B : *No, but look in the directory. There can't be many Van Dykes here.*

It seems obvious to me that...
I'm convinced that...
I'm certain that...
I'm sure that...
You can't deny that...
It's quite clear to me that...
Anybody can see that...

MANAGER/SHOP-ASSISTANT

Manager : I've just talked to Mrs. White who has told me you keep being late. It's quite clear to me that you don't want to do your job properly.

Shop-assistant : But sir, that's not true at all. I was only five minutes late last Tuesday.

Manager : Anyway, you can't deny it's not the first time you are not on time.

Shop-assistant : No sir, but I've never arrived very late, and then I've always stayed after closing time. Anybody here can see I'm doing my best.

Manager : Sorry, Miss Barnes, I'm afraid I'll have to fire you.

Properly: correctement.
To be on time: être à l'heure.
Late: en retard.
Closing time: heure de fermeture.
To fire: licencier.

Comment exprimer son opinion :

In my opinion...
According to me... (Selon moi, à mon avis.)
As far as I'm concerned... (En ce qui me concerne.)

Comment attirer l'attention :

Say!
Listen!
Tell me. (Dites donc.)
Look here!
Just listen to this!
What do you think of this?

Comment faire une objection :

I'm not sure it's possible to...
Don't you think it would be better to...

Comment inviter quelqu'un à participer :

I wonder what... thinks about all that.
I wonder what Mr... 's opinion is.
I'm sure Mr... has something to say about this.

Argumentation :

Comment exprimer

Cause :

Why...? because...
because of...
Why are you so late?
Because I missed the train. (J'ai manqué le train.)

Conséquence :

Then
And
So
But
To...
In order to...

Concession :

If you like.
I don't mind.
All right, then.
As you wish.

A : Do you know what ! My brother's going to the States for his holidays.
B : Really !
What about you ?
Aren't you going with him ?
A : No, I can't ;
I'm working in July.
B : Oh, are you ?
A : Yes, I want to buy a new bike.
B : Well, I'm staying here, too.
I'll come and see you.
By the way, where's your brother going ?

Hypothèse :
Suppose.
Imagine.
It looks, as if...
It sounds as if...

Relance de l'argumentation :

And what about...
On the other hand...
Anyway.
Talking of...

Disappointed: déçu.

INFORMATION

Comment demander un renseignement sur :

1. Identification personnelle.

a) Nom.
What's your name?
What are your first names? (prénoms)
How do you spell your surname?
Comment épelez-vous votre nom de famille ?

Dessin de Hergé © by Éditions Casterman.

b) Adresse.
What's your address in England?

c) Age.
How old are you? (Quel âge avez-vous ?)
What's your date of birth? (Date de naissance.)
When were you born? (Quand êtes-vous né ?)
Where were you born? (Où êtes-vous né ?)

d) Situation familiale.
Are you married?
— *Yes, I am.*
— *No, I'm single.* (célibataire)
Have you got any children?
Have you a brother? (frère)
Have you got a sister? (sœur)

e) Nationalité.

What's your nationality?
What nationality are you?

f) Origine.

Where are you from?
(d'où êtes-vous - d'où venez-vous?)
Where do you come from?
Which country are you from?

A : Who's that boy over there?
B : He's my sister's correspondent.
A : What nationality is he?
B : He's French. He comes from a small town in the south of France.
A : What's it called?
B : Castelsarrasin, I think.
A : How do you pronounce it?
B : Castelsarrasin, but my French is not very good. By the way, how much is the sandwich?
A : I don't know; let's ask the waiter.

g) Caractéristiques physiques.

What does he/she look like?
ou
What's she like?
Comment est-il/elle?
How tall is he/she?
Quelle est sa taille ?
Tall - medium height - not very tall
What colour is his/her hair?
Fair (blond) - *Dark* (fonçé) - *red* (roux)
Is he/she good-looking? (bien de sa personne)
— *Yes, he's very handsome* (beau)
— *No, she's rather plain* (quelconque)

Good-looking s'emploie pour un garçon et une fille. Par contre, ***handsome*** ne peut s'employer que pour un garçon et ***pretty*** pour une fille (ou ***attractive).***
What sort of build is he/she? (Quelle est sa stature?)
Slim : mince, élancé.
Thin : mince, maigre.
Well-built : costaud.
Fat : gros.

Safe : coffre-fort.

h) Caractère.
Who's the quietest boy/girl? (in your class...) (le plus calme)
Who's the funniest boy/girl? (le/la plus drôle)
Who's the loudest boy/girl? (le/la plus bruyant(e))
Who's the most intelligent boy/girl?
Who's the most cooperative boy/girl?
Who's the most artistic boy/girl?

i) *Téléphone.*

What's your phone number?

Réponse :

Pour dire un numéro de téléphone *o* se prononce *oh.*

75029 : seven five oh two nine.

A : Can I help you?
B : Yes, I want to send a telegram.
A : What's your phone number, please?
B : 291763.
A : I'm sorry, can you repeat it, please?
B : 291763.
A : Right. Who is the telegram for?
B : For Mr. Wheatley.
A : Can you spell that, please?
B : WHEATLEY.
A : And what's his address?
B : 18 Feldbridge Road Birmingham.
A : How do you spell Feldbridge?
B : FELDBRIDGE.
A : Thank you. And what's your message?
B : "Sorry, can't come. Julie!"
A : Here's your message again :
"Sorry, can't come. Julie!"
B : That's right. Thank you very much.

2. Profession.

a) Comment échanger des informations sur les professions en général.

Métiers.

What do you do?
What's your job? } (quel est votre métier?)

What does your father/mother do?

Attention à la réponse : ne pas oublier l'article indéfini devant un nom de profession ou d'occupation.

My father's a mechanic. (mon père est mécanicien)

My mother's a teacher. (ma mère est professeur)

Where does your father/mother work?

(où travaille...)

Does he/she work { *in a bank?* / *in a factory* (usine) / *in an office?* (bureau) / *in a hospital?* }

Do you have a part-time job?
(No! I work full-time)

b) Caractéristiques.

Do you like working indoors/outdoors? (à l'intérieur/à l'extérieur)
Do you like helping people?
Do you like meeting people?
Do you like driving?
Do you like repairing things?
Do you like working with children?
Do you like telling people what to do?
Do you like travelling?
Do you like talking?
Do you like looking after people?
Do you mind getting dirty? (to get dirty : se salir)
Do you mind doing shift work? (travail par équipes)
Do you mind getting wet? (to get wet : se mouiller)

Do you mind working long hours?
Do you mind wearing a uniform?
Do you mind working at night?
Do you mind standing all day?
Do you mind sitting at a desk all day?

c) Conditions de travail.
When do I start in the morning?
When does work stop in the evening?
How much money do I get per hour?
Do I have to work on Saturdays?
How long is the lunch-hour?
And what about holidays?

• Éducation

Comment se renseigner sur :

a) Ecole - vie à l'école.

Which school do you go to?
What form are you in? (dans quelle classe es-tu?)
How many days a week do you go to school?
Combien de jours vas-tu à l'école par semaine ?
How many periods do you have in the morning/afternoon?
Combien de cours as-tu le matin/l'après-midi?
How long is a period? (combien de temps dure un cours?)
How long is the break? (récréation)
What do you do during dreak?
What are school lunches like?
Do you have to wear a uniform?
Dois-tu porter un uniforme?
What's it like? (comment est-il?)

Quelques réponses :

In English schools there are lessons from Monday to Friday ; there is no school on Saturday, but they have to go to school all day on Wednesday. The periods are shorter ; each lesson lasts 40 minutes, except the double period which lasts an hour and ten minutes. Every morning, after registration, they have Assembly, where they pray and sing hymns and listen to news about the school. On Wednesday, they have a form period, where they discuss problems about the school and the class with the form teacher.

To last : durer
To pray : prier
Registration : appel
Form period : réunion avec le professeur principal
Form teacher : professeur principal

b) Matières d'enseignement apprises.
What subjects are you studying?
(Quelles matières apprends-tu en ce moment?)
Which foreign languages are you studying? (langues étrangères)
Do you play any sports at school?
Do you learn a musical instrument at school?
Do you have sport in the morning/in the afternoon?
What games do you play?
Do you have a lot of homework? (devoirs)
What do you do on Tuesdays?
(Que fais-tu le mardi ?)

	MONDAY	TUESDAY	WEDNESDAY	THURSDAY	FRIDAY
8.55			ASSEMBLY		
9.15	Maths	English	French	Maths	English
10.00	English	English	R.E.	French	Geography
10.45			BREAK		
11.00	French	Biology	English	History	Maths
11.45	Chemistry	Maths	History	English	French
12.30			LUNCH		
13.45	Geography	French	Maths	Art	German
14.30	Games	German	Music	Physics	P.E
15.15			BREAK		
15.30	Games	Physics	P.E.	Drama	Drama.

c) Examens.
Are you going to sit (for) your O levels or your A levels?
To sit (for) : passer. Attention : *to pass :* réussir.
On passe les ***O levels*** à la fin de la seconde et les ***A levels*** à la fin de la terminale.

• Maison

Comment se renseigner sur :

Types d'habitation - situation.
Where do you live?
Pour situer un lieu par rapport à un autre, on dit :
It's north of Oxford.
It's east of Oxford.
It's south of Oxford.
It's west of Oxford.
Pour indiquer dans quelle partie d'un pays ou d'une ville un endroit est situé, on dit :
It's in the north of England.
It's in the east of England.
It's in the south of England.
It's in the west of England.
Attention :
*It's **north of** London :* l'endroit dont on parle est situé à l'extérieur de Londres.
*It's **in the north of** London :* l'endroit dont on parle est situé dans Londres.
Do you live in a flat or in a house?
Exemple de réponse :
In a flat, on the fourth floor. (au quatrième étage)

b) Intérieur.
How many rooms are there in your house?
What furniture is there in the living-room?
Attention : *furniture* = meubles, mobilier. C'est un nom singulier.
Un meuble : *a piece of furniture.*
What shape is the table? (de quelle forme est la table ?)
What's the table made of? (en quoi est la table ?)
What colour are the curtains? (de quelle couleur sont les rideaux ?)
Is the kitchen large? (grande)
Exemple de réponse :
Yes, and it's got a nice view of the garden.
Has the house got central heating (chauffage central)

When does your bedroon get the sun?
How do you like the house? (comment trouvez-vous la maison ?)

1 towel
2 shower
3 picture
4 curtain
5 window
6 lamp
7 pipe
8 desk
9 chair
10 drawer
11 pan
12 table
13 sofa
14 armchair
15 fireplace
16 car
17 mouse
18 bike
19 stairs
20 kitchen
21 living-room
22 bathroom
23 bedroom

• Achats

Comment demander un article :
I'm looking for a nylon jacket.
I'd like a tennis skirt.
Have you got any bananas?
Have you got any nice lettuces? (laitues)
Two pounds of pork sausages, please.
I want half a pound of bacon, please.

Comment demander un autre article.
I'm afraid this skirt is too expensive. Have you got a cheaper one?
I don't like that colour very much? haven't you got a different one?

Comment demander le prix.
How much is it?
Does a shetland pullover cost £ 15?

Attention : pour vous interroger sur votre taille ou pointure, on vous dira :
What size do you take?

A : Can I help you?
B : Yes, please, I'd like to buy some trousers or a skirt; I don't really know.
A : There are some nice trousers over there.
B : Well... You see... it's for my sister. She doesn't wear trousers as often as I do. Could you show me the skirts, please?
A : What's her size?
B : I don't know exactly. She isn't as tall as I am and she isn't as thin either. She couldn't come because...

Pour savoir si vous voulez autre chose, on vous dira :
Do you want anything else?
Anything else?
Any (pork pies)?
Pour vous dire le prix :
That's £ 1.20
That's 65 p for the apples and 55 for the tomatoes.
That's £ 1.20 altogether. (en tout)

b) Restaurants, cafés.

Pour demander le menu :
Could we see the menu, please?
Pour interroger sur le menu :
What's on the menu?
Is there any (fish) on the menu?

Pour demander à quelqu'un ce qu'il veut :
What would you like?
Do you fancy a starter? (aimerais-tu un hors-d'œuvre)
Do you want any sweet? (dessert)

Pour dire ou demander quelque chose au serveur :
I'd like some ice-cream, please.
I'll have a fish salad.
Is there any coke?
Can we have two cheese burgers?

Pour demander l'addition :
Can I have the bill, please?
The bill, please.

A : Would you like to order, sir?
B : Yes, is there any chicken on the menu?
A : I'm sorry sir. The chicken is off.
B : That's a pity! I'll have roast beef in that case.
A : Very good, sir. Would you like a starter?
B : Yes, please. I'd like a prawn cocktail.
A : Certainly, sir. And what would you like to drink?

Menu

SOUP OF THE DAY	2.50
RST BEEF AND 2 VEG	2.75
BEEF CASSAROLE AND 2 VEG	2.95
RST PORK AND 2 VEG	2.45
VIENNA STEAK CHIPS AND PEAS	1.95
SPAGHETTI BOLOGNAISE	1.50
SAUSAGES BOILED AND ONIONS	
SALADS	
RST CHICKEN SALAD	1.50
RST BEEF SALAD	1.75
HAM SALAD	1.45
SHISH KEBAB SALAD	1.75
RUMP STEAK SALAD	2.25
CHEESE SALAD	1.75
EGG SALAD	1.50
SWEETS	
JAM ROLL AND CUSTARD	.45
APPLE PIE AND CUSTARD	.65
JELLY AND CREAM	.50
ICE CREAM	.50
PEACHES AND CREAM	.65

Veg = vegetables : légumes
Peas : petits pois
Sausages : saucisses
Chicken : poulet
Ham : jambon
Cheese : fromage
Jam : confiture
Apple-pie : tarte aux pommes
Custard : crème anglaise
Jelly : gelée
Ice cream : glace
Peach : pêche

• Voyages et déplacements

Comment s'informer sur :
1) Transports

a) Comment prendre son ticket, se renseigner sur les heures de départ et d'arrivée.
I'd like a single to Windsor, please (a single = un aller)
A single to Windsor, please.
A return to Brighton, please. (un aller-retour)
What time is the next train/plane to London?
A quelle heure est le prochain train/avion pour Londres?
Is there an earlier train/plane?
Could you tell me the times of trains/planes to London?
What time does the 9.45 get to London, please?
A quelle heure le train de 9 h 45 arrive-t-il à Londres... ?
Réponse possible : *It should get in at II.42*
When do we land? (to land = atterrir)
How often do the buses run? (tous les combien y a-t-il un bus?)
What time is the last bus to Hill Top Road?
A quelle heure est le dernier bus pour Hill Top Road?

b) Comment demander des renseignements sur un arrêt de bus, un quai (train-métro), etc.
Is this the right train for Newcastle, please? (est-ce le bon train pour Newcastle?)
Does this train go to Stockton?
Which platform does the train to Dover go from?
De quel quai le train pour Douvres part-il?
Which gate is it for the 9.25 flight to New York?
Quelle est le numéro de la porte pour le vol de 9.25 en direction de New York?
Where can I catch a bus to Hill Top Road?
Où puis-je prendre un bus pour aller à Hill Top Road ?
Could you tell me where to catch the number 26 bus?
Excuse me, which bus goes to Nelson street?
Réponse possible : *you want a number 22.*

Where does the number 26 bus go from?
Which is the nearest Underground station?
Quelle est la station de métro la plus proche?
Is there an Underground station near here?

c) A l'intérieur du bus.
Can you tell me where to get off? (où descendre)
Is this the right stop for Broadgreen hospital?
Is this where I get off?

2) A la douane.

Are you here on holiday?

Réponse possible : *no, I've come to learn English.*

How long are you staying in Britain?

Will you be staying more than three months?

Allez-vous rester plus de trois mois ?

Where are you staying?

Can I have your passport, please?

Have you got anything to declare?

Will you open this suitcase, please?

Voulez-vous ouvrir cette valise, s'il vous plaît?

Would you mind opening this bag, please?

Voudriez-vous ouvrir ce sac, s'il vous plaît?

Can you tell me what's in that suitcase?

How much money have you got?

3) Comment demander son chemin.

Excuse me, how do I get to Buckingham palace?

Excuse me, could you tell me how to get to St Peter's Church?

Excuse me, could you tell me how I can get to Lime Street?

Can you tell me the way to Victoria station, please?
Is this the right way to...? (est-ce la bonne direction...)

Where's the nearest	hospital? police station? railway station? cinema?

Réponses :
go straight on (allez tout droit)
go down... (descendez)
turn right/left (tournez à droite, gauche)
take the first turning on the left and the second on the right.

• Télévision, disques...

Télévision

What's on television this evening?
What's on T.V. tonight?
What time is the news on?
Is there a film on I.T.V. tonight?
I'd like to watch ''Dallas'', if you don't mind.
To switch on : allumer.
To switch off : éteindre.
To switch over : changer de chaîne.
Do you mind if I switch over to the other channel?
Are there any good programmes on T.V. tonight?
The concert is live from the Albert Hall.
Le concert est diffusé en direct de l'Albert Hall.
Can I look at the programme listings, please?

A : Is there anything interesting on T.V. tonight?
B : Not much. There's a programme about pop music.
A : That sounds good. What time is it on?
B : It's on at 9.30. But if we switch on at 9.00 pm we can catch the news.

Disques

Can I put a record on? (*Record :* disque)
Have you heard the latest Culture Club album?
Which track is the best on this side?
U.B.40 have a new single in the charts.
How does your record deck work?
Can I have a look at the record sleeve?
Puis-je regarder la pochette ?

A : What do you think of the new Police single?
B : I haven't heard it yet. What's it like?
A : Great! It's at number one in the charts already!
B : Really? I'm surprised I haven't heard it on the radio.

C) VERBES IRRÉGULIERS

Les verbes irréguliers sont classés par groupes pour bien les apprendre et mieux les retenir.

1. Verbes ayant la même forme, à l'infinitif, au prétérit et au participe passé :

To bet	*I bet*	*bet*	parier
To burst	*I burst*	*burst*	éclater
To cost	*I cost*	*cost*	coûter
To cut	*I cut*	*cut*	couper
To hit	*I hit*	*hit*	frapper, atteindre
To hurt	*I hurt*	*hurt*	blesser, faire mal
To let	*I let*	*let*	laisser, permettre
To put	*I put*	*put*	mettre
To set	*I set*	*set*	fixer, poser
To shut	*I shut*	*shut*	fermer

2. Verbes ayant la même forme au prétérit et au participe passé :

A. Modèle *to sleep :*

To sleep	*I slept*	*slept*	dormir
To deal	*I dealt*	*dealt*	distribuer
To dream	*I dreamt*	*dreamt*	rêver
To feel	*I felt*	*felt*	(se) sentir, éprouver
To lean	*I leant*	*leant*	s'appuyer
To leave	*I left*	*left*	quitter, partir
To mean	*I meant*	*meant*	vouloir dire
To meet	*I met*	*met*	rencontrer
To sweep	*I swept*	*swept*	balayer
To weep	*I wept*	*wept*	pleurer

B. Modèle *to spend :*

To spend	*I spent*	*spent*	dépenser, passer (le temps)
To bend	*I bent*	*bent*	courber, se pencher
To build	*I built*	*built*	construire
To lend	*I lent*	*lent*	prêter
To send	*I sent*	*sent*	envoyer

C. **Modèle** *to read :*

To read	*I read [red]*	*read [red]*	lire
To feed	*I fed*	*fed*	(se) nourrir
To hold	*I held*	*held*	tenir
To lead	*I led*	*led*	mener

D. **Modèle** *to strike :*

To strike	*I struck*	*struck*	frapper
To dig	*I dug*	*dug*	creuser
To hang	*I hung*	*hung*	pendre
To stick	*I stuck*	*stuck*	coller
To win	*I won*	*won*	gagner

E. **Modèle** *to bring :*

To bring	*I brought*	*brought*	apporter
To buy	*I bought*	*bought*	acheter
To fight	*I fought*	*fought*	combattre
To think	*I thought*	*thought*	penser
To catch	*I caught*	*caught*	attraper
To teach	*I taught*	*taught*	enseigner

F. **Modèle** *to sell :*

To sell	*I sold*	*sold*	vendre
To tell	*I told*	*told*	dire, raconter

G. **Modèle** *to get :*

To get	*I got*	*got*	devenir, arriver, prendre
To lose	*I lost*	*lost*	perdre
To shine	*I shone*	*shone*	briller
To shoot	*I shot*	*shot*	tirer (arme à feu), fusiller

H. **Modèle** *to stand :*

To stand	*I stood*	*stood*	être debout
To understand	*I understood*	*understood*	comprendre

I. **Modèle** *to learn :*

To learn	*I learnt (learned)*	*learnt*	apprendre
To burn	*I burnt (burned)*	*burnt*	brûler
To smell	*I smelt (smelled)*	*smelt*	sentir (odorat)

To spell	*I spelt (spelled)*	*spelt*	épeler

J. Autres verbes dont le prétérit est identique au participe passé :

To hear	*I heard*	*heard*	entendre
To keep	*I kept*	*kept*	garder
To lay	*I laid*	*laid*	poser
To make	*I made*	*made*	faire
To say	*I said*	*said*	dire
To sit	*I sat*	*sat*	être assis

3. Verbes ayant trois formes différentes :

A. **Modèle** *To wear :*

To wear	*I wore*	*worn*	porter (vêtements)
To bear	*I bore*	*born*	porter, supporter
To swear	*I swore*	*sworn*	jurer
to tear	*I tore*	*torn*	déchirer

B. **Modèle** *to speak :*

To speak	*I spoke*	*spoken*	parler
To break	*I broke*	*broken*	briser
To choose	*I chose*	*chosen*	choisir
To freeze	*I froze*	*frozen*	geler
To steal	*I stole*	*stolen*	voler
To wake	*I woke*	*woken*	(se) réveiller

C. **Modèle** *to know :*

To know	*I knew*	*known*	savoir
To blow	*I blew*	*blown*	souffler
To grow	*I grew*	*grown*	grandir (faire) pousser
To throw	*I threw*	*thrown*	jeter

D. **Modèle** *to hide :*

To hide	*I hid*	*hidden*	cacher
To bite	*I bit*	*bitten*	mordre

E. **Modèle** *to take :*

To take	*I took*	*taken*	prendre
To shake	*I shook*	*shaken*	secouer

F. **Modèle** *to write :*

To write	*I wrote*	*written*	écrire
To drive	*I drove*	*driven*	conduire
To ride	*I rode*	*riden*	aller à cheval (ou à bicyclette...)
To rise	*I rose*	*risen*	s'élever, se lever

G. **Modèle** *to drink :*

To drink	*I drank*	*drunk*	boire
To begin	*I began*	*begun*	commencer
To ring	*I rang*	*rung*	sonner, appeler, téléphoner à
To sing	*I sang*	*sung*	chanter
To sink	*I sank*	*sunk*	sombrer, s'enfoncer
To swim	*I swam*	*swum*	nager

H. Autres verbes ayant trois formes différentes :

to eat	*I ate*	*eaten*	manger
To fall	*I fell*	*fallen*	tomber
To forget	*I forgot*	*forgotten*	oublier
To give	*I gave*	*given*	donner
To go	*I went*	*gone*	aller
To see	*I saw*	*seen*	voir
To show	*I showed*	*shown*	montrer

4. Verbes ayant la même forme au participe passé et à l'infinitif :

To come	*I came*	*come*	venir
To become	*I became*	*become*	devenir
To run	*I ran*	*run*	courir

Réalisation : C. Pasquiet - J.P. Delarue.
Composition, montage : S.C.P. Bordeaux.
Dessins : P. Philippon - J.P. Magnier.

Impression I.M.E. - 25110 Baume-les-Dames - Dépôt légal : mars 1993 - N° éditeur 9430